DAVID
GRAEBER

PIRATEN

AUF DER SUCHE NACH DER WAHREN FREIHEIT

Aus dem Englischen übersetzt
von Werner Roller

KLETT-COTTA

MIX
Papier | Fördert gute Waldnutzung
FSC® C014496

Klett-Cotta
www.klett-cotta.de
Die Originalausgabe erscheint unter dem Titel »Pirate Enlightenment or The Real Libertalia: Buccaneers, Women Traders, and Mock Kingdoms in Eighteenth Century Madagascar« im Verlag Farrar, Straus and Giroux, New York, 2023

Cover: Rothfos & Gabler, Hamburg
Gesetzt von Dörlemann Satz, Lemförde
Gedruckt und gebunden von GGP Media GmbH, Pößneck
ISBN 978-3-608-98719-5
E-Book ISBN 978-3-608-12150-6

Bibliografische Information der Deutschen Nationalbibliothek
Die Deutsche Nationalbibliothek verzeichnet diese Publikation in der Deutschen Nationalbibliografie; detaillierte bibliografische Daten sind im Internet über http://dnb.d-nb.de abrufbar.

INHALT

VORWORT

Dieser Essay wurde zunächst als ein Kapitel einer Sammlung von Essays zum Thema »Gottkönigtum« geschrieben, deren Co-Autor Marshall Sahlins war.[1] Während meiner eigenen Feldforschungen auf Madagaskar in der Zeit von 1989 bis 1991 hörte ich nicht nur zum ersten Mal davon, dass zahlreiche Piraten aus der Karibik sich einst auf Madagaskar niedergelassen hatten, ich erfuhr auch, dass ihre Nachkommen als eigenständige Bevölkerungsgruppe auf der Insel verblieben. (Diese Tatsache wurde mir durch eine kurze Liebesbeziehung zu einer Frau bewusst, deren Ahnenreihe bis zu den Bewohnern der Insel Sainte Marie zurückreichte.) Später staunte ich dann darüber, dass niemand jemals systematische Feldforschung unter diesen Menschen betrieben hatte. Zu einem bestimmten Zeitpunkt meines Lebens plante ich sogar, selbst ein solches Feldforschungsprojekt anzugehen – ein Plan, der durch verschiedene Zufälle, wie sie das Leben bereithält, unterlaufen und niemals verwirklicht wurde. Eines Tages gehe ich ihn vielleicht doch noch an.

Zu jener Zeit erwarb ich nach einem Besuch in der British Library eine Fotokopie des Mayeur-Manuskripts,[2] die lange Zeit in einem Stapel von Büchern und Dokumenten bei einem Panoramafenster im Zimmer in meinem Apartment in New York, wo ich aufgewachsen war, abgelegt blieb. Es waren außerordentlich große Blätter, die mit einer kaum lesbaren Handschrift aus dem 18. Jahrhundert gefüllt waren. Über viele Jahre hinweg hatte ich oft das Gefühl, dass mich dieser Text leicht vorwurfsvoll lockte, während ich versuchte, an einem anderen Thema zu arbeiten. Als ich dann aufgrund der Machenschaften des Polizei-Nachrichtendienstes 2014 mein Zuhause verlor, ließ ich das ganze Manuskript scannen, zusammen mit verschiedenen Familienfotos und mit Dokumenten, die zu umfangreich waren, um sie mit nach London zu nehmen, und schließlich ließ ich das Manuskript transkribieren.

Es war mir immer etwas rätselhaft vorgekommen, dass dieser Text noch nie veröffentlicht worden war, zumal das in der British Library aufbewahrte, in Mauritius niedergeschriebene Original-Manuskript noch eine kurze Notiz enthielt, wonach eine Typoskript-Fassung des Textes in der Academie Malgache in Antananarivo vorhanden sei und dass man, sofern man es zu sehen wünsche, einen gewissen M. Valette konsultieren solle. Es waren verschiedene Essays französischer Autoren erschienen, die eindeutig Teile dieses Typoskripts gelesen und zusammengefasst hatten. Aber das Originalmanuskript, ein wissenschaftliches Werk, das für sich selbst stand und mit zahlreichen kritischen Fußnoten gespickt war, war niemals zum Druck befördert worden.

Mir wurde schließlich klar, dass ich genug Material zu den Piraten zusammengetragen hatte, um daraus einen eigenen, ansprechenden Essay zu machen. Der ursprüngliche Titel lautete – weil daraus ein Essay für ein Buch über Könige werden sollte – »Pirate Enlightenment: the Mock Kings of Madagascar« (»Piraten-Aufklärung – die Schattenkönige von Madagaskar«), wobei der Untertitel eine Anspielung auf ein schmales Büchlein von Daniel Defoe über Henry Avery war. Doch im Verlauf des Schreibprozesses wurde der Essay immer länger. Schon bald waren gut 70 mit einzeiligem Abstand beschriebene Seiten beisammen, und ich begann mich ernsthaft zu fragen, ob dadurch nicht das gesamte Kompendium zu umfangreich zu werden drohte und ob der Textinhalt nicht zu weit vom ursprünglich anvisierten Schwerpunkt auf betrügerische Könige (und umfassendere Fragen zum Thema, ob nicht alle Könige in einem gewissem Sinn Hochstapler seien, bei nur graduellen Unterschieden zwischen den einzelnen Ausprägungen) weggerückt war, um eine Aufnahme in den geplanten Band wirklich zu rechtfertigen.

Letztlich beschloss ich: Ein langer Essay ist allen Leuten verhasst, aber alle lieben ein kurzes Buch. Warum also nicht den Essay zu einem eigenständigen Werk ausarbeiten, das sich aus eigener Kraft behaupten konnte?

Und dieses Buch ist dabei herausgekommen.

*

Die Gelegenheit, das Buch bei Libertalia Press[3] zu veröffentlichen, erwies sich als unwiderstehlich (und jetzt – ab 2023 – bei Farrar, Straus und Giroux[4]). Die Idee von Libertalia, dem utopischen Experiment von Piraten, ist für die freiheitlich gesinnte Linke eine endlose Quelle der Inspiration geblieben; immer schon hat ein Gefühl bestanden, dass es dieses Experiment zumindest gegeben haben sollte, selbst wenn es niemals existierte; oder dass, selbst wenn es niemals in irgendeinem wörtlichen Sinn existierte, selbst wenn es also niemals eine Ansiedlung gab, die diesen Namen trug, die bloße Existenz von Piraten und Piraten-Gesellschaften für sich genommen eine Art Experiment war; und dass in den tiefsten Ursprüngen dessen, was als das Projekt der Aufklärung bekannt geworden ist – das heute in revolutionären Kreisen als falscher Traum von Befreiung angesehen wird, der stattdessen eine unaussprechliche Grausamkeit über die Welt gebracht hat –, eine Art von Erlösungsversprechen vorhanden war, das Versprechen einer echten Alternative.

Dieses kleine Buch kann als ein Beitrag zu einem umfassenderen intellektuellen Projekt angesehen werden, das ich erstmals in einem Essay mit dem Titel »There Never Was a West«[5] beschrieb (es erschien auch als eigenständige Veröffentlichung in französischer Sprache) und jetzt als Teil eines gemeinsamen Projekts mit dem britischen Archäologen David Wengrow weiterverfolge. Im gegenwärtig angesagten Sprachgebrauch könnte man es als ein Projekt der »Entkolonialisierung der Aufklärung« bezeichnen. Zweifellos dienten viele der Gedanken, die wir heute als Ergebnisse der europäischen Aufklärung des 18. Jahrhunderts betrachten, tatsächlich der Rechtfertigung außergewöhnlicher Grausamkeit, Ausbeutung und Zerstörung, die sich nicht nur gegen die arbeitende Bevölkerung im eigenen Land, sondern auch gegen die Bewohner anderer Kontinente richtete. Aber die pauschale Verurteilung des aufklärerischen Gedankenguts ist ihrerseits eher abwegig, wenn man bedenkt, dass es sich hierbei vielleicht um die erste historisch belegte intellektuelle Bewegung handelte, die zu großen Teilen von Frauen organisiert wurde – außerhalb offizieller Institutionen wie etwa Universitäten –, mit dem ausdrücklichen Ziel, alle bestehenden Macht- und Autoritätsstrukturen zu untergraben. Die Denker der Aufklärung machten außerdem, wie man aus vielen Originalquellen erschließen kann, sehr deutlich, dass die Quellen ihres Gedankenguts außerhalb dessen liegen, was wir heute ausschließlich als »die westliche Tradition« bezeichnen.

Hier soll nur ein Beispiel angeführt werden, das in einem anderen Buch ausführlich dargestellt werden wird.[6] Im Jahr 1690, etwa zu dem Zeitpunkt, als die Piraten sich auf Madagaskar niederließen, entwickelte sich in Montreal eine Art protoaufklärerischer Salon. Baron Froberville, der damalige Gouverneur von Kanada, diskutierte in seinem Haus gemeinsam mit seinem Assistenten Lahontan über Fragen von gesellschaftlicher Bedeutung – Christentum, Wirtschaftsthemen, Sexualmoral – mit einem Staatsmann der Huronen namens Kondiaronk. Dieser vertrat den Standpunkt eines egalitär gesinnten und skeptischen Rationalisten und erklärte, der Strafapparat der europäischen Gesetze und der Religion sei nur erforderlich aufgrund eines Wirtschaftssystems, das so gestaltet sei, dass es unweigerlich die Verhaltensweisen hervorbringe, zu deren Unterdrückung der Apparat eingerichtet wurde. Lahontan sollte im Jahr 1704 dann eine eigene Fassung seiner Aufzeichnungen zu einigen dieser Gespräche als Buch veröffentlichen, das sich rasch zu einem in ganz Europa verbreiteten Bestseller entwickelte. Nahezu jede bedeutende Persönlichkeit der Aufklärung verfasste letztlich eine Imitation dieses Werks. Doch Persönlichkeiten wie Kondiaronk sind irgendwie aus der Geschichte hinausgeschrieben worden.

Niemand bestreitet, dass diese Debatten tatsächlich stattgefunden haben. Eher ist davon auszugehen, dass Männer wie Lahontan, wenn es an die Niederschrift des Geschehens ging, schlichtweg alles ignorierten, was Kondiaronk tatsächlich gesagt hatte, und es durch so etwas wie »die Fantasie des edlen Wilden« ersetzten, die sich ausschließlich aus der europäischen intellektuellen Tradition speiste. Mit anderen Worten: Wir haben den Gedanken, dass es eine in sich geschlossene »westliche Zivilisation« (eine Vorstellung, die erst im frühen 20. Jahrhundert auftauchte) gegeben habe, in die Vergangenheit zurückprojiziert. Verbunden mit einer zutiefst perversen Ironie, dienten Vorwürfe wegen rassistischer Arroganz, die sich gegen Menschen richteten, die wir als »Bewohner westlicher Länder« bezeichnen (was heutzutage nichts anderes als ein euphemistisches Codewort für »weiße Menschen« ist), als Vorwand, um alle anderen, auf die die Bezeichnung »weiß« nicht zutrifft, von jedem Einfluss auf den Verlauf der Geschichte auszuschließen, und ganz besonders von der Geistesgeschichte. Es sieht ganz danach aus, als sei Geschichte – und hier speziell die Geschichte des Radikalismus – zu einer Art von moralischem Spiel geworden, bei dem es ausschließlich darum geht, deutlich zu machen, dass man die Großen Männer der Geschichte nicht davonkommen lassen wird mit dem (offenkundig sehr realen) Rassismus, Sexismus und Chauvinismus, den sie an den Tag gelegt haben, wobei völlig außer Acht bleibt, dass ein 400 Seiten umfassendes Buch, mit dem Rousseau attackiert wird, immer noch ein 400-Seiten-Werk über Rousseau ist.

Ich erinnere mich heute noch daran, wie sehr mich im Kindesalter ein Interview mit dem Sufi-Autor Idries Shah beeindruckte, der in diesem Gespräch anmerkte, wie seltsam es ihm vorkomme, dass so viele intelligente und anständige Menschen in Europa und Amerika so viel Zeit auf Protestmärschen verbringen, bei denen sie die Namen ihnen verhasster Menschen rufen und deren Porträts schwenken (»Hey hey LBJ, how many kids did you kill today?«).[7] Ob diesen Leuten denn nicht klar war, merkte er an, wie außerordentlich erfreulich das für die Politiker sei, die sie anprangerten? Ich glaube, es waren Hinweise dieser Art, die mich letztlich dazu brachten, eine Politik des Protestes abzulehnen und mich auf eine Politik der direkten Aktion zu verlegen. Ein Teil der Empörung, die in diesem Essay festzustellen ist, entstammt dieser Quelle.

Warum sehen wir Männer wie Kondiaronk nicht als wichtige Denker zur Frage der Freiheit des Menschen? Das war er eindeutig. Warum sehen wir einen Mann wie Tom Tsimilaho nicht als einen der Pioniere der Demokratie? Warum sind die Beiträge der Frauen, von denen wir wissen, dass sie in der Gesellschaft der Huronen und der madagassischen Betsimisaraka so bedeutende Rollen spielten, deren Namen aber weitgehend in Vergessenheit geraten sind, sogar aus den Geschichten entfernt worden, die wir über solche Männer erzählen? Wie übrigens auch die Frauen, die die Salons organisierten, aus der Geschichte der Aufklärung weitgehend ausgeschlossen worden sind.

Mit diesem kleinen Experiment in Sachen Geschichtsschreibung möchte ich zumindest deutlich machen, dass die vorliegenden Erzählungen nicht nur zutiefst fehlerhaft und eurozentrisch, sondern auch unnötig ermüdend und langweilig sind. Ja, mit dem Moralismus verbindet sich ein heimliches Vergnügen, so wie auch eine mathematische Freude darin liegt, jegliches menschliche Handeln auf eine sich selbst verherrlichende Berechnung zu reduzieren. Aber diese Vergnügungen sind letztlich eher von der schäbigen Art. Die wahre Erzählung dessen, was sich in der menschlichen Geschichte zutrug, ist tausend Mal unterhaltsamer.

Lasst uns also eine Geschichte über Zauberei erzählen, über Lügen, Seeschlachten, entführte Prinzessinnen, Sklavenaufstände, Menschenjagden, Fantasiekönigreiche und betrügerische Botschafter, Spione, Juwelendiebe, Giftmischer, Teufelsanbetung und sexuelle Obsessionen, die mit dem Ursprung der modernen Freiheit verbunden sind. Ich hoffe, dass die Leserinnen und Leser dabei so viel Spaß haben, wie ich ihn hatte.

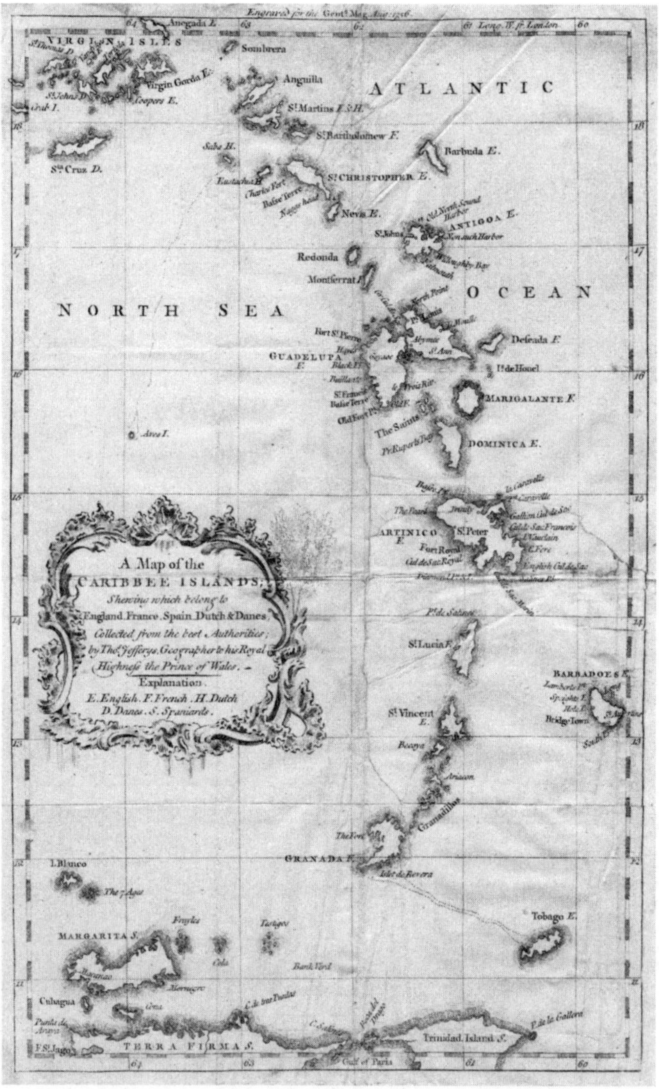

Karibische Inseln von den Jungferninseln bis Trinidad und Tobago – Nach ihrer Vertreibung aus der Karibik Ende des 17. Jahrhundert wichen etliche Piraten nach Madagaskar aus.

PRÄLUDIUM

»Die ersten Griechen waren alle Seeräuber.«

Montesquieu, Vom Geist der Gesetze
(21. Buch, 7. Kapitel)

Dieses Buch handelt von Piratenkönigreichen, von realen und der Fantasie entsprungenen. Es handelt auch von einer Zeit und einem Ort, in der und an dem die Unterscheidung zwischen Fantasie und Wirklichkeit sehr schwerfällt. Für einen Zeitraum von etwa 100 Jahren, ab dem Ende des 17. bis gegen Ende des folgenden Jahrhunderts, war die Ostküste Madagaskars der Schauplatz eines Schattenspiels von legendären Piratenkönigen, von Gräueltaten von Piraten, von Piraten-Utopien, allesamt umrankt von Gerüchten, von denen sich die Gäste in Kaffee- und Wirtshäusern der Anrainerstaaten des Nordatlantiks schockieren, inspirieren und unterhalten ließen. Aus unserer heutigen Perspektive ist es absolut unmöglich, diese Berichte zu entwirren und eine definitive Erzählung zu schaffen, die klarstellt, welche Geschichten der Wirklichkeit entsprachen und welche nicht.

Manche waren eindeutig unwahr. Viele Menschen in Europa waren beispielsweise im ersten Jahrzehnt des 18. Jahrhunderts der Ansicht, ein Kapitän namens Henry Avery habe mit 10 000 Piraten-Gefolgsleuten auf Madagaskar ein großes Königreich geschaffen, ein Königreich, das drauf und dran sei, sich zu einer der herausragenden Seemächte der Welt zu entwickeln. Doch dieses Königreich existierte nicht. Es war ein Schwindel. Die meisten Historiker sind mittlerweile überzeugt davon, dass sich dasselbe auch über die Erzählung vom großen utopischen Experiment Libertalia sagen ließe. Dabei handelt es sich um eine ebenfalls in Madagaskar angesiedelte Geschichte, die in einem Kapitel des 1728 erschienenen zweiten Bandes einer angeblich von einem gewissen Captain Charles Johnson verfassten *General History of the Pyrates* berichtet wird, deren erster Band bereits 1724 publiziert wurde. Johnson beschreibt Libertalia als egalitäre Republik, in der die Sklaverei abgeschafft ist, alle Dinge in Gemeinbesitz sind und alle öffentlichen Angelegenheiten demokratisch geregelt werden. Als ihr Schöpfer wird der ehemalige französische Piratenkapitän Misson angegeben, der unter dem philosophischen Einfluss eines früheren italienischen Priesters steht, der die Soutane für die Seefahrt aufgibt. Historikern ist es jedoch nicht gelungen, einen weiteren Beleg dafür aufzufinden, dass ein Piratenkapitän namens Misson oder ein solcher säkularisierter Priester (sein Name wird mit Caraccioli angegeben) tatsächlich gelebt hat – der Tatsache zum Trotz, dass fast alle anderen in dem Buch erwähnten Piraten durch Archivquellen belegt werden *können*. Auch der Archäologie ist es nicht gelungen, irgendeinen Nachweis für die physische Existenz von Libertalia zu lokalisieren.

Als Konsequenz hieraus besteht eine allgemeine Übereinstimmung, dass die ganze Geschichte schlicht erfunden ist. Manche Menschen räumen ein, dass es sich hierbei vielleicht um ein Seemannsgarn handelte, das nach der Einschätzung des Autors der *History of the Pyrates* einfach zu gut gesponnen war, um nicht in seine Sammlung mit aufgenommen zu werden, auch wenn er vermutlich wusste, dass es die fraglichen Ereignisse niemals gegeben hatte. Captain Johnson (wer auch immer er war) dachte sich ihrer Ansicht nach die ganze Sache schlicht und einfach aus. Nur wenige Menschen scheinen dem jedoch eine – wie auch immer geartete – größere Bedeutung beizumessen, weil als einzige wichtige Frage gilt: »Gab es an der Küste Madagaskars wirklich jemals eine Libertalia genannte utopische Siedlung ehemaliger Piraten?«

Für mich ist das eine eher triviale Frage. Wahrscheinlich gab es weder einen Misson noch Caraccioli noch eine Siedlung, die genau diesen Namen trug; aber ganz gewiss gab es Piratensiedlungen an der Küste Madagaskars, und sie waren Orte radikaler gesellschaftlicher Experimente. Piraten experimentierten tatsächlich mit neuen Formen der Regierungsführung und der Eigentumsverhältnisse; und darüber hinaus taten es ihnen Mitglieder der benachbarten madagassischen Gemeinschaften gleich, in die sie einheirateten. Viele von ihnen hatten in Piratensiedlungen gelebt, waren auf ihren Schiffen mitgefahren, hatten Blutsbrüderschaften mit ihnen geschlossen und viele Stunden lang politische Gespräche mit ihnen geführt.

Die Geschichte von Kapitän Misson ist auf eine Art als Täuschung angelegt, weil sie so erzählt wird, dass die Madagassen aus ihr herausgehalten werden. Den Piraten werden schiffbrüchige ausländische Frauen zur Seite gestellt, die Menschen der Umgebung werden auf die Rolle feindseliger Stammesgesellschaften reduziert, die die Piraten schließlich überwältigen und töten. Aber das erleichtert den Historikern und Anthropologen nur das, was sie unter solchen Umständen ohnehin gerne tun: Sie behandeln die politischen Angelegenheiten der als Europäer und der als Afrikaner (oder als nicht weiß) identifizierten Personen als vollkommen voneinander getrennte Forschungsgebiete, als getrennte Welten, bei denen es unwahrscheinlich war, dass es zu irgendeinem ernsthaften (geschweige denn intellektuellen) und wechselseitig ausgeübten Einfluss kam.

Die Wirklichkeit war, wie wir noch sehen werden, sehr viel komplizierter. Aber zugleich auch sehr viel interessanter und hoffnungsvoller.

Geschichten über Libertalia – oder über Averys Piraten-Königreich – waren deshalb in keinerlei Hinsicht isolierte Fantasien. Ihre bloße Existenz und Beliebtheit waren vielmehr ein historisches Phänomen, das für sich selbst sprach. In einem gewissen Sinn könnte man über diese Geschichten sogar sagen, dass sie – in Anlehnung an Marx' Ausdruck – zur materiellen Gewalt in der Geschichte wurden.[1] Das »Goldene Zeitalter der Piraterie«, wie es heute genannt wird, dauerte schließlich nur 40 oder 50 Jahre; es liegt nun schon lange Zeit zurück; aber Menschen in aller Welt erzählen immer noch Geschichten von Piraten und Piraten-Utopien – oder schmücken sie auf ihre Weise aus, mit der Art von kaleidoskopischen Fantasien über Zauberei, Sexualität und Tod, die, wie wir noch sehen werden, dieses Thema schon immer begleitet haben.

Man kann sich der Schlussfolgerung kaum entziehen, dass diese Geschichten sich halten, weil sie eine bestimmte Vorstellung von menschlicher Freiheit verkörpern, eine Vorstellung, die immer noch bedeutsam zu sein scheint – die aber zugleich auch eine Alternative zu den Ideen von Freiheit bietet, die in europäischen Salons im Verlauf des 18. Jahrhunderts entwickelt werden sollten und bis heute dominant bleiben. Der zahnlose oder mit einem Holzbein daherkommende Bukanier, der mit seiner Flagge der ganzen Welt trotzt, der mit dem Ertrag seines Beuteguts bis zur Besinnungslosigkeit trinkt und schlemmt, aber beim ersten Anzeichen ernsthaften Widerstands flieht und dabei nur unglaubliche Geschichten und Verwirrung hinterlässt, ist vielleicht ebenso sehr eine Persönlichkeit der Aufklärung wie Voltaire oder Adam Smith, aber er steht zugleich auch für eine zutiefst proletarische Vorstellung von Freiheit, die zwangsläufig gewalttätig und kurzlebig ist.

Die moderne Fabrikdisziplin entwickelte sich auf Schiffen und auf Plantagen. Erst später übernahmen die frühen Industriellen in Städten wie Manchester und Birmingham diese Techniken der Umwandlung von Menschen in Maschinen. Die Piratenlegenden könnte man dann als die wichtigste dichterische Ausdrucksform bezeichnen, die das in den Anrainerstaaten des Nordatlantiks sich herausbildende Proletariat hervorgebracht hat, dessen Ausbeutung den Boden für die industrielle Revolution bereitete.[2] Solange diese Formen der Disziplin – oder ihre subtileren und heimtückischeren modernen Ausprägungen – unser Arbeitsleben bestimmen, werden wir immer über Bukanier fantasieren.

Das Hauptthema dieses Buches ist jedoch nicht der romantische Reiz, der von der Piraterie ausgeht. Es ist eine historische Arbeit, für die anthropologisches Wissen genutzt wird; es soll hier versucht werden, herauszuarbeiten, was gegen Ende des 17. und zu Beginn des 18. Jahrhunderts an der Nordostküste Madagaskars tatsächlich geschah, als sich mehrere Tausend Piraten dort niederließen; außerdem soll in einem umfassenderen Sinn gezeigt werden, dass Libertalia tatsächlich existierte, dass man es gewissermaßen als erstes politisches

Experiment der Aufklärung betrachten konnte und dass viele der Männer und Frauen, die dieses Experiment verwirklichten, Malagasy sprachen.

*

Es besteht kein Zweifel, dass Geschichten über Piraten-Utopien weite Verbreitung fanden und dass sie historische Wirkungen zeitigten. Die eigentliche Frage lautet, wie weit diese Wirkungen reichten und wie tiefgreifend sie ausfielen.

Meiner Ansicht nach gibt es überzeugende Argumente dafür, dass sie äußerst wichtig waren. Zunächst einmal kamen diese Geschichten schon sehr früh in Umlauf, noch zu Lebzeiten von Newton und Leibniz und lange vor dem Auftauchen einer politischen Theorie, die mit Montesquieu und den Enzyklopädisten verbunden wurde. Montesquieu vertrat den Standpunkt, alle Nationen bildeten sich zunächst in einer Form heraus, die sehr stark an utopische Experimente erinnerte: Große Gesetzgeber setzten ihre Visionen durch, Gesetze machten den Charakter großer Nationen aus. Piratenkapitäne wie Misson oder Avery waren in Geschichten, die solche Männer in ihrer Kindheit und Jugend zweifellos gehört hatten, als Persönlichkeiten dargestellt worden, die genau so etwas versuchten. Daniel Defoe schrieb 1707, als Montesquieu 18 Jahre alt war, in England einen Text, in dem er die auf Madagaskar siedelnden Piraten mit den Gründern des antiken Rom verglich, Banditen, die sich auf einem neuen Territorium niederließen, neue Gesetze schufen und sich schließlich zu einer großen Nation von Eroberern entwickelten.

Dass ein großer Teil der Aufregung, die mit solchen Erklärungen einherging, auf maßlos übertriebene Propaganda oder gar auf glatten Betrug zurückzuführen war, ist für die Rezeption solcher Dinge nicht weiter von Bedeutung. Wir wissen nicht, ob dieses eine Traktat ins Französische übersetzt wurde (vermutlich nicht), was wir aber wissen, ist, dass Männer, die sich als Repräsentanten des neuen Piratenkönigreichs ausgaben, etwa zu diesem Zeitpunkt nach Paris kamen, um für ein Bündnis zu werben. Hörte der junge Montesquieu davon? Auch das wissen wir nicht, aber es ist kaum vorstellbar, dass das nicht genau die Art von Neuigkeit war, über die Studenten in jener Zeit gerne Scherze machten und diskutierten, weil sie höchstwahrscheinlich die Fantasie eines ehrgeizigen jungen Intellektuellen beflügelten.

Manche Dinge wissen wir allerdings. Sie aufzulisten wäre vielleicht ein guter Ausgangspunkt:

Wir wissen, dass eine sehr große Zahl von Piraten des 17. Jahrhunderts, die aus der Karibik und von anderen Orten kamen, sich an der Nordostküste von Madagaskar niederließen, wo ihre madagassischen Nachkommen (die »Zana-Malata«) bis zum heutigen Tag eine eigenständige Bevölkerungsgruppe bilden. Wir wissen, dass die Ankunft der Piraten eine Reihe von gesellschaftlichen Umwälzungen auslöste, die im 18. Jahrhundert schließlich zur Gründung eines politischen Gemeinwesens führten: des Betsimisaraka-Bündnisses. Wir wissen außerdem, dass die Menschen, die heute in dem einst von diesem Bündnis beherrschten Gebiet leben – einem fast 700 Kilometer langen Küstenstreifen –, als eine der Volksgruppen Madagaskars gelten, die am konsequentesten an egalitären Strukturen festhalten. Wir wissen, dass der Mann, der als Gründer dieses Bündnisses gilt, Ratsimilaho hieß; und dass man sich damals von Ratsimilaho erzählte, er sei der Sohn eines englischen Piraten aus einer Siedlung namens Ambonavola (vermutlich der Ort, der heute unter dem Namen Foulpointe bekannt ist); und wir wissen, dass Ambonavola in zeitgenössischen englischen Darstellungen als eine Art utopisches Experiment geschildert wird, als ein Versuch, die für Piratenschiffe typischen demokratischen Organisationsformen auf eine feste Siedlungsgemeinschaft an Land zu übertragen. Und außerdem wissen wir auch, dass Ratsimilaho in ebenjenem Ort schließlich zum König der Betsimisaraka ausgerufen wurde.

All dies können wir als einigermaßen gesichert festhalten. Darüber hinaus jedoch bieten unsere Quellen ein höchst verwirrendes Bild. Die noch in der Kolonialzeit erarbeitete anerkannte Chronologie verzeichnet, dass Ratsimilaho von 1720 bis 1756 als König der Betsimisaraka herrschte. Zwei Generationen später entstandene Berichte stellen ihn als eine Art Philosophen-König der Aufklärung dar, der das Betsimisaraka-Bündnis aufgrund seiner ganz persönlichen Genialität schuf, dessen ehrgeizige Pläne zur Einführung der europäischen Wissenschaft und Zivilisation letztlich jedoch durch die Niederlage seiner Piraten-Verbündeten und die Raubzüge französischer Sklavenhändler zunichtegemacht wurden. Dies ist jedoch nur unter größten Schwierigkeiten mit zeitgenössischen Berichten zu vereinbaren, in denen ebendiese Person – oder jemand, der jedenfalls diese Person zu sein scheint – manchmal als König, manchmal aber auch nur als einer aus einer ganzen Reihe von lokalen Anführern bezeichnet wird, in einem Fall sogar als stellvertretender Befehlshaber eines jamaikanischen Piraten-»Königs« namens John Plantain. Ein anderer Bericht führt ihn als Stellvertreter eines madagassischen Monarchen in einem ganz anderen Landesteil. Archäologen haben außerdem keinerlei Beleg dafür gefunden, dass es, in irgendeiner nachvollziehbaren Bedeutung des Begriffs, tatsächlich ein Betsimisaraka-Königreich gab. Staaten, die zur damaligen Zeit in anderen Teilen Madagaskars geschaffen wurden, hinterließen auffällige physische Spuren, aber entlang der gesamten Nordostküste gibt es keinen Nachweis für die Errichtung von Palästen oder für staatliche Bauprojekte, die Einführung von Besteuerungssystemen, Beamtenhierarchien oder stehenden Heeren oder für irgendwelche andere auffällige Neuerungen, die überlieferte ältere Muster des Landlebens durchbrachen.

Was soll man davon halten?

In diesem kleinen Buch gelingt es mir möglicherweise nicht, die vorliegenden Belege umfassend zu erklären – das könnte ohnehin unmöglich sein –, aber ich werde versuchen, einen allgemeinen Rahmen zu schaffen, innerhalb dessen sie gedeutet werden könnten. Meine Analyse verwirft an verschiedenen Punkten das herkömmliche Verständnis dieser Epoche.

Zunächst einmal werde ich die Ansicht vertreten, dass die in der damaligen Zeit in Madagaskar – und vor allem die in den von Piraten beeinflussten Gebieten – entstandenen Geschichten von mächtigen Königreichen oder von der tatsächlichen Existenz von Institutionen, die wie Königshöfe anmuteten, nicht unbedingt für bare Münze genommen werden sollten. An der Küste Madagaskars waren zur damaligen Zeit alle materiellen Mittel vorhanden, die für die Errichtung potemkinscher Königshöfe benötigt wurden, um Außenstehende zu beeindrucken. Und es ist ziemlich klar, dass zumindest einige der »Könige«, die mit landfremden Beobachtern zusammentrafen, mit Hilfe der aktiven Komplizenschaft ihrer vorgeblichen madagassischen Gefolgsleute einfach nur ein

Fantasiestück aufführten. Piraten verstanden sich besonders gut auf solche Spiele. Ein Grund dafür, dass das »Goldene Zeitalter der Piraterie« nach wie vor Stoff für Legenden liefert, liegt darin, dass die Piraten jenes Zeitalters so viel Geschick bei der Manipulation von Legenden zeigten; sie setzten wundersame Geschichten – ob es dabei nun um furchterregende Gewalt oder um inspirierende Ideale ging – auf eine Art ein, die Kriegswaffen sehr nahe kam, auch wenn der Krieg, um den es dabei ging, der verzweifelte und letztlich zum Scheitern verurteilte Kampf eines bunt zusammengewürfelten Haufens von Gesetzlosen gegen die gesamte sich in der damaligen Zeit entwickelnde Struktur weltweiter Amtsgewalt war.

Zweitens möchte ich betonen, dass diese Geschichten, wie alle erfolgreichen Spielarten von Propaganda, tatsächlich auch einige Körnchen Wahrheit enthielten. Die Republik Libertalia mag vielleicht nicht existiert haben, zumindest nicht im Wortsinn, aber Piratenschiffe, Piratensiedlungen wie Ambonavola und, so würde ich sagen, das Betsimisaraka-Bündnis selbst, das von madagassischen Politikern in enger Zusammenarbeit mit den Piraten ins Leben gerufen wurde, waren in vielerlei Hinsicht bewusste Experimente in Sachen einer radikalen Demokratie. Ich würde sogar so weit gehen, zu behaupten, dass sie tatsächlich einige der ersten Ansätze des politischen Denkens der Aufklärung darstellen. Sie erkundeten Gedanken und Grundsätze, die letztlich von politischen Philosophen entwickelt und von revolutionären Regimen ein Jahrhundert später in die Praxis umgesetzt wurden. Dies würde auch das offensichtliche Paradoxon der Betsimisaraka erklären: Als gesellschaftliche Gruppe mutmaßlich von einem gescheiterten Philosophenkönig geschaffen, bleiben sie bis zum heutigen Tag ein hartnäckig am Gleichheitsgrundsatz festhaltendes

Volk, das für seine Weigerung bekannt ist, die Amtsgewalt von Oberherren gleich welcher Art zu akzeptieren.

DIE (SEHR) RADIKALE AUFKLÄRUNG

Der englische Buchtitel »Pirate Enlightenment« (»Piraten-Aufklärung«) bedeutet offensichtlich eine gewisse Provokation. Das gilt umso mehr, weil der Begriff der Aufklärung mittlerweile in Verruf geraten ist. Während die Aufklärer des 18. Jahrhunderts sich selbst für Radikale hielten, die den Versuch unternahmen, die Ketten aller überkommenen Autoritäten zu sprengen, um die Grundlagen für eine universelle Theorie der menschlichen Freiheit zu schaffen, neigen zeitgenössische radikale Denker eher zu einer anderen Sicht: Das Denken der Aufklärung gilt ihnen als die höchste Steigerungsstufe der überkommenen Autorität, als eine intellektuelle Bewegung, deren Hauptleistung darin bestand, die Grundlagen für eine besonders moderne Spielart des rationalen Individualismus zu errichten, die zur Ausgangsbasis für »wissenschaftlichen« Rassismus, modernen Imperialismus, Ausbeutung und Völkermord wurde. Es kann nicht bezweifelt werden, dass genau dies geschah, als europäische Imperialisten, Kolonialisten und Sklavenbesitzer, die mit dem Gedankengut der Aufklärung aufgewachsen waren, auf die Welt losgelassen wurden.

Natürlich könnte man sich an dieser Stelle auch über die kausalen Zusammenhänge streiten. Hätten solche Männer sich anders verhalten, wenn sie ihr eigenes Vorgehen (wie noch in den vorhergehenden Jahrhunderten) mit dem religiösen Glauben gerechtfertigt hätten? Höchstwahrscheinlich nicht. Aber mir scheint (und ich habe das bereits an anderer Stelle vorgebracht),[3] dass ein großer Teil der darauf folgenden Debatte uns von einer sehr viel grundsätzlicheren Frage ablenkt: von der Frage, ob die Ideale der Aufklärung, und hier ganz besonders die Ideale der Aufklärung hinsichtlich der Befreiung des Menschen, überhaupt auf eine nachvollziehbare Art und Weise als »westlich« bezeichnet werden können. Ich hege den starken Verdacht, dass künftige Historiker bei der Rückschau auf solche Fragen vermutlich zu dem Schluss kommen werden, dass dies auf die meisten dieser Ideale nicht zutraf.

Die europäische Aufklärung war zunächst einmal ein Zeitalter der intellektuellen Synthese, in der vormals intellektuell rückständige Länder wie England und Frankreich plötzlich zu Zentren von Weltreichen wurden und sich (für sie selbst) verblüffenden neuen Gedanken ausgesetzt sahen. Sie versuchten daraufhin zum Beispiel die vom amerikanischen Doppelkontinent stammenden Ideale des Individualismus und der Freiheit in ihr Denken mit einzubeziehen, ebenso wie ein weitgehend von China inspiriertes neues Konzept des bürokratischen Nationalstaats, afrikanische Vertragstheorien und Wirtschafts- und Gesellschaftstheorien, die ursprünglich vom mittelalterlichen Islam entwickelt worden waren.

Sofern es dabei zu einer praktischen Synthese kam – das heißt: sofern irgendjemand, vor allem in der Frühzeit der Aufklärung, im Licht all dieser Gedanken mit neuen Organisationsformen gesellschaftlicher Beziehungen experimentierte –, geschah dies aus nachvollziehbaren Gründen nicht in den großen Städten Europas, die immer noch von verschiedenen absolutistischen Regimen beherrscht wurden, sondern in den Randbereichen des sich entwickelnden weltweiten Systems und ganz besonders in den relativ freien Räumen, die sich oft im Gefolge imperialer Abenteuer auftaten, mit all den damit verbundenen Bevölkerungsverschiebungen, die sie in vielen Fällen nach sich zogen. Diese waren oft Begleiterscheinungen furchtbarer Gewalt, der Vernichtung bestehender Völker und Kulturen.

Aber es ist wichtig, daran zu erinnern, dass diese Aufzählung nicht vollständig ist. Ich habe bereits, wenn auch etwas beiläufig,[4] auf die Bedeutung hingewiesen, die Piraten in diesen Zusammenhängen erlangten, vor allem als Vorreiter bei der Entwicklung neuer Formen demokratischer Regierungsführung. Und dabei habe ich festgehalten, dass Besatzungen von Piratenschiffen oft aus sehr vielen unterschiedlichen Arten von Menschen bestanden, die Erfahrungen mit einer großen Zahl verschiedener Gesellschaftsordnungen mitbrachten, denn auf ein und demselben Schiff konnten sich Engländer, Schweden, geflohene afrikanische Sklaven, Kreolen aus der Karibik, indigene Amerikaner und Araber befinden, und auch diese Aufzählung ließe sich erweitern. Sie waren also einem gewissen, der Not gehorchenden Egalitarismus verpflichtet. Solche Besatzungen wurden in Situationen zusammengewürfelt, in denen die schnelle Schaffung neuer institutioneller Strukturen eine absolute Notwendigkeit war, so dass sie in einem gewissen Sinn perfekte Laboratorien für demokratische Experimente abgaben.

Mindestens ein prominenter Historiker des europäischen politischen Denkens hat in der Tat behauptet, dass einige Formen der Demokratie, die von Staatsmännern der Aufklärung in der Hemisphäre des Nordatlantiks entwickelt wurden, ihre Premiere höchstwahrscheinlich in den 1680er und 1690er Jahren auf Piratenschiffen erlebten; dass die Führungsrolle sich eher aus der Zustimmung der Geführten herleiten konnte als auf die Verleihung durch Höhergestellte, sei mit einiger Wahrscheinlichkeit eine Erfahrung der Mannschaften von Piratenschiffen in der frühmodernen Welt des nördlichen Atlantiks gewesen. Piratenmannschaften wählten nicht nur ihre Kapitäne, sondern waren auch vertraut mit ausgleichenden Gegenkräften (in der Gestalt des Quartiermeisters und des Schiffsrats) und vertraglich geregelten Beziehungen von Individuum und Kollektiv (in der Gestalt von schriftlich niedergelegten Schiffssatzungen, in denen etwa die Anteile an der Beute und die Entschädigung bei Verwundungen im Kampf festgelegt wurden).[5]

Britische und französische Autoren ließen sich zweifellos von der Neuartigkeit solcher Vereinbarungen über Formen des Zusammenlebens zu Fantasien über Piraten-Utopien inspirieren wie etwa über Libertalia. Aber die Hauptakteure bei diesen Darstellungen waren immer Europäer.

Die Geschichte von Libertalia ist ein typisches Beispiel. Wir kennen sie nur durch das erwähnte Buch mit dem Titel *A General History of the Pyrates,* dessen erster Band 1724 – und der zweite Teil, mit der Geschichte Missons, 1728 – unter dem Namen eines Captain Charles Johnson erschien und das möglicherweise (vielleicht aber auch nicht) aus der Feder von Daniel Defoe stammte. Die Siedler von Libertalia, allesamt europäischer Herkunft, machten sich an die Schaffung einer Art von freiheitlichem Experiment, das auf Mehrheitsentscheidungen und Privateigentum beruhte, aber auch auf der Abschaffung der Sklaverei, der Rassentrennung und der organisierten Religion; nahezu jedem wahrhaft berühmten Piraten (Tom Tew, Henry Avery …) wurde im Buch die Beteiligung an diesem Versuch nachgesagt; die Geschichte endet mit dem Angriff der ruhelosen Einheimischen auf die Piraten und mit deren Überwältigung, bei der sie aus keinem erkennbaren Grund vernichtet werden.

Die Madagassen sind also, obwohl von der Gleichberechtigung der Ethnien geredet wird, nicht am gesellschaftlichen Versuch beteiligt. Die einheimische Bevölkerung tritt in solchen Darstellungen niemals als die Art von Menschen auf, die sich selbst an politischen Experimenten beteiligen würden. Und diese (letztlich rassistische) Voreingenommenheit setzt sich in der kolonialen und sogar bis in die aktuelle zeitgenössische Geschichtsschreibung fort. Politische Experimente, die von Sprechern europäischer Sprachen durchgeführt werden, stehen in keinerlei Beziehung zu politischen Experimenten von Sprechern des Madagassischen (Malagasy), selbst wenn sie sich nahezu am gleichen Ort und zur gleichen Zeit entwickelten, unter Beteiligung von Akteuren, die täglichen Kontakt zueinander hatten.

Sofern die landläufige Geschichtsschreibung den Piraten überhaupt irgendeinen Einfluss auf die Gründung des Betsimisaraka-Bündnisses zugesteht, geht man davon aus, dass dieser buchstäblich genetisch verankert ist. Das Reich der Betsimisaraka (»die vielen, die man nicht trennen kann«), so lautet die übliche Geschichtserzählung, ist eine Schöpfung der Kinder von europäischen Piraten und madagassischen Müttern unter der genialen Führerschaft eines einzigen, besonders charismatischen Malata namens Ratsimilaho, die den passiven einheimischen Madagassen auferlegt wurde, die nichts weiter taten, als seinem Ruf zu folgen. Ratsimilaho wird außerdem immer so dargestellt, als importierte er lediglich bereits bestehende europäische Neuerungen – beispielsweise den Nationalstaat – und würde niemals einen eigenständigen politischen Beitrag leisten. Der französische Historiker Hubert Deschamps referiert die zur Kolonialzeit herrschende Meinung, die mehr oder weniger bis zum heutigen Tag die herrschende Meinung geblieben ist:

> »So war der große Mann, das Kind eines Piraten, das sich selbst durch seine Intelligenz und seinen Charakter zum Herrscher machte. Ihm gelang es, die verstreut siedelnden Stämme, die in Anarchie, Krieg und Elend gelebt hatten, zusammenzufassen. Er formte aus ihnen einen mächtigen und blühenden Staat und sicherte dessen Dauerhaftigkeit und Zusammenhalt. [...]
> Er war der Erste, der auf der Großen Insel das territoriale Gefühl eines Staates einführte, für das ihm die europäischen Länder zweifellos ein Beispiel lieferten. [...] Aber nach ihm zerfiel sein Königreich Stück für Stück.«[6]

So gut wie keine der gängigen Darstellungen hält jedoch einer genauen Überprüfung stand. Zunächst einmal hat, wie wir noch sehen werden, Ratsimilaho zwar eindeutig gelebt und war wohl der Sohn einer einheimischen madagassischen Frau namens Rahena und eines englischen Piraten namens Thamo oder Tom, aber die übrigen Malata waren zu dem Zeitpunkt, zu dem das Bündnis geschlossen wurde, mehrheitlich noch im Kindesalter.[7] Außerdem wird aus den uns verfügbaren Quellen sehr deutlich, dass (mit der Ausnahme Ratsimilahos) alle anderen bereits erwachsenen Malata sich einer Beteiligung an dem Vorhaben vollständig verweigerten.

Zweitens gibt es keinerlei Belege dafür, dass Ratsimilahos Königreich auch nur eine entfernte Ähnlichkeit mit einem »Territorialstaat« aufwies. Es gibt tatsächlich keinen Beweis für die Existenz eines wie auch immer gearteten Königreichs. Eine archäologische Untersuchung der Region enthält keinen Hinweis auf eine Veränderung der Siedlungsstruktur nach der Schaffung des »Königreichs«[8] – und ganz gewiss haben weder Archäologen noch irgendjemand sonst Belege für irgendetwas gefunden, das man in der damaligen Zeit als administrative Hierarchie oder soziale Schichten im Nordosten Madagaskars bezeichnen könnte. Alle vorhandenen Nachweise deuten darauf hin, dass die meisten Entscheidungen weiterhin – wie es immer gewesen war – in Volksversammlungen getroffen wurden, in denen alle Personen, die vom Ergebnis der zu verhandelnden Punkte betroffen waren, das Recht hatten, ihre Meinung vorzutragen.

Tatsächlich gibt es, wie noch zu zeigen ist, gute Gründe für die Annahme, dass die politische und gesellschaftliche Organisation nach der Gründung des »Königreichs« in Wirklichkeit *weniger* hierarchisch war als zuvor, weil die Rangstufen der Krieger-Aristokratie, auf die in früheren Darstellungen angespielt wurde, verschwinden. Deshalb wurden die Versammlungen allenfalls noch wichtiger. Es trifft zwar zu, dass die Zana-Malata sich nach und nach zu einer Art Erbaristokratie entwickelten, deren Mitglieder untereinander heirateten und die gegen Ende des 18. Jahrhunderts sogar das Piratenleben ihrer Vorfahren wieder aufnahm und Überfälle auf die Komoren-Inselgruppe, ja sogar auf Sansibar organisierte; aber sie galten immer als grundsätzlich außerhalb der Gesellschaft stehend, und ihre politische Macht wurde letztlich etwa zu dem Zeitpunkt durch einen Volksaufstand gebrochen, als das Territorium 1817 in das mit seinem Machtzentrum im Hochland verankerte Königreich von Madagaskar eingegliedert wurde.[9]

Es sieht ganz danach aus, als hätten wir es mit einer wahrhaften historischen Anomalie zu tun: ein politisches Gebilde, das sich im Umgang mit der Außenwelt als Königreich präsentierte, dessen ganze Organisation von der charismatischen Persönlichkeit eines brillanten Piratenkindes geprägt war, das aber im Inneren von einer dezentralisierten Basisdemokratie betrieben wurde und ohne ein entwickeltes System gesellschaftlicher Rangstufen auskam. Wie ist das zu erklären? Gibt es irgendwelche realen historischen Analogien?

Die klarste Parallele bieten in der Tat die Piratenschiffe selbst. Piratenkapitäne versuchten oft, sich unter Außenstehenden einen Ruf als furchterregende, autoritär auftretende Desperados zu verschaffen, aber an Bord ihrer eigenen Schiffe wurden sie nicht nur per Mehrheitsentscheidung gewählt und konnten auf demselben Weg wieder abgesetzt werden, ihre Kommandobefugnis erstreckte sich außerdem nur auf Verfolgungsjagden oder Gefechte, ansonsten waren sie, wie alle anderen Besatzungsmitglieder auch, Teilnehmer an den Versammlungen. Mit Ausnahme des Kapitäns und des Quartiermeisters (Letzterer führte in den Versammlungen den Vorsitz) gab es auf Piratenschiffen keine Dienstgrade. Wir wissen außerdem von ernsthaften Versuchen, diese Organisationsform auf das madagassische Festland zu übertragen. Und schließlich gibt es, wie wir noch sehen werden, eine lange Geschichte von Bukaniern oder anderen fragwürdigen Personen, die in irgendeinem Küstenort Madagaskars Fuß fassten und sich dort als Könige oder Fürsten ausgaben, ohne irgendeinen Versuch zur Veränderung der gesellschaftlichen Beziehungen am Ort oder in den Gemeinschaften der Umgebung zu unternehmen.[10]

Die Betsimisaraka taten dann genau das, sie gestalteten die

gesellschaftlichen Beziehungen in ihren Gemeinschaften neu. Und das taten sie schlicht und einfach auf eine Art, die unter einer Monarchie nicht infrage käme.

In diesem Buch werde ich den Gedanken erörtern, dass die Ankunft der Piraten eine Reihe von Revolutionen an der Küste Madagaskars ausgelöst haben könnte. Die erste und möglicherweise bedeutendste dieser Revolutionen wurde zu großen Teilen von Frauen angeführt und hatte zum Ziel, die rituelle und wirtschaftliche Macht des Clans zu brechen, der zuvor als Vermittler zwischen den Fremden und den Völkern der Nordostküste aufgetreten war. Die Gründung des Betsimisaraka-Bündnisses war die zweite Umwälzung, und sie lässt sich am besten als eine Art von Gegenreaktion der Männer auf die erste deuten. Clan-Anführer und ehrgeizige junge Krieger machten sich unter dem Schutz der Piraten und der formellen Führerschaft eines Mischlings-Piratenkönigs an ein Vorhaben, das meiner Ansicht nach am besten gekennzeichnet ist, wenn man es als ihr eigenes, protoaufklärerisches politisches Experiment, als kreative Synthese aus einer Piratenherrschaft und einigen der stärker egalitären Elemente der traditionellen politischen Kultur Madagaskars erkennt. Was allgemein als gescheiterter Versuch der Gründung eines Königreichs abgeschrieben wird, kann genauso gut als ein erfolgreiches Experiment in Sachen Piraten-Aufklärung unter madagassischer Führung gedeutet werden.

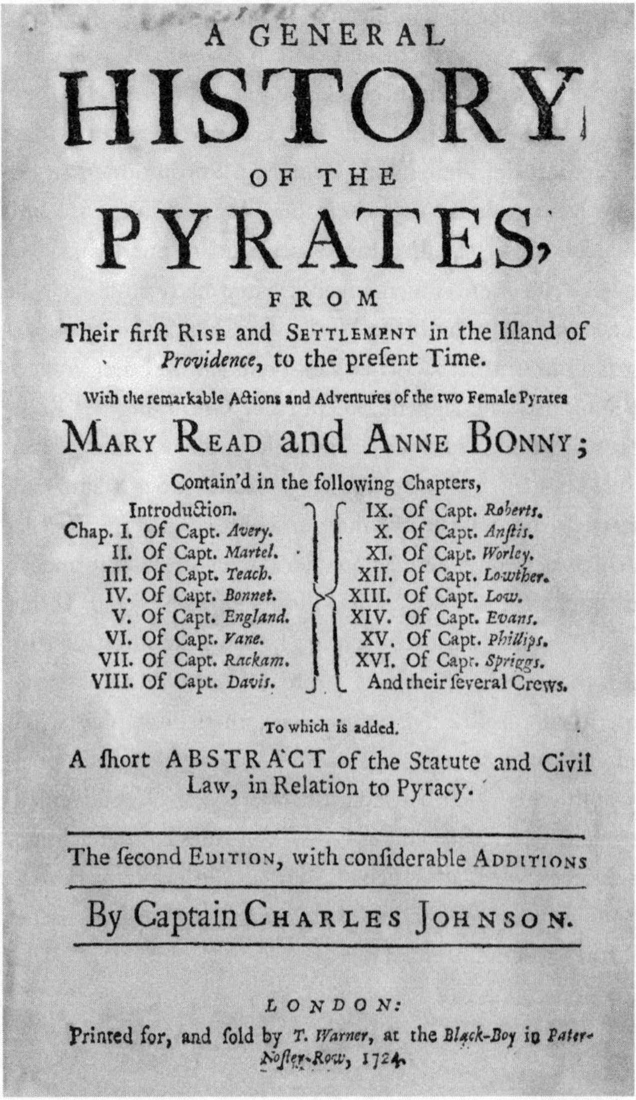

A GENERAL
HISTORY
OF THE
PYRATES,
FROM
Their firſt RISE and SETTLEMENT in the Iſland of *Providence*, to the preſent Time.

With the remarkable Actions and Adventures of the two Female Pyrates

MARY READ and ANNE BONNY;

Contain'd in the following Chapters,

Introduction.
Chap. I. Of Capt. *Avery*.
II. Of Capt. *Martel*.
III. Of Capt. *Teach*.
IV. Of Capt. *Bonnet*.
V. Of Capt. *England*.
VI. Of Capt. *Vane*.
VII. Of Capt. *Rackam*.
VIII. Of Capt. *Davis*.
IX. Of Capt. *Roberts*.
X. Of Capt. *Anſtis*.
XI. Of Capt. *Worley*.
XII. Of Capt. *Lowther*.
XIII. Of Capt. *Low*.
XIV. Of Capt. *Evans*.
XV. Of Capt. *Phillips*.
XVI. Of Capt. *Spriggs*.
And their ſeveral Crews.

To which is added.

A ſhort ABSTRACT of the Statute and Civil Law, in Relation to Pyracy.

The ſecond EDITION, with conſiderable ADDITIONS

By Captain CHARLES JOHNSON.

LONDON:

Printed for, and ſold by *T. Warner*, at the *Black-Boy* in *Pater-Noſter-Row*, 1724.

Titeleiseite von *A General History of the Pyrates* (1724): Der erste Band erschien unter dem Namen von Kapitän Charles Johnson, jedoch wurde immer wieder vermutet, dass diese *Geschichte der Piraterie* auch aus der Feder von Daniel Defoe, dem berühmten Autor des »Robinson Crusoe«, stammen könnte.

ERSTER TEIL

PIRATEN UND SCHATTEN-KÖNIGE IM NORDOSTEN MADAGASKARS

Beim Thema »Piraten« objektiv zu bleiben fällt sehr schwer. Die meisten Historiker versuchen es nicht einmal. Die Literatur zur Piraterie im 17. Jahrhundert teilt sich im Großen und Ganzen auf in romantische Huldigungen in der Populärliteratur und in wissenschaftliche Debatten über die Frage, ob Piraten eher als Protorevolutionäre oder einfach nur als Mörder, Vergewaltiger und Räuber anzusehen sind.[1]

Ich will mich hier nicht auf dieses Feld begeben. Es gab auf jeden Fall alle möglichen Arten von Piraten. Manche der Männer, die als Piratenkapitäne im historischen Gedächtnis geblieben sind, waren in Wirklichkeit Gentleman-Freibeuter, Kapitäne von Kaperschiffen, offizielle oder inoffizielle Beauftragte des einen oder anderen europäischen Regimes; andere waren womöglich bloß nihilistische Kriminelle; aber viele von ihnen schufen tatsächlich – wie kurz ihre Zeit auch immer gewesen sein mag – eine Art von Rebellen-Kultur und -Zivilisation, die, obwohl auf vielerlei Art sicherlich auch brutal, ihren eigenen Moralkodex und eigene demokratische Institutionen hervorbrachte. Das Beste, was man über die Piraten vielleicht sagen kann, ist, dass ihre Brutalität für ihre Zeit keineswegs ungewöhnlich, ihre demokratischen Praktiken aber nahezu ohne Einschränkung beispiellos waren.

Es ist diese letztere Gruppe – die Art von Piraten, die von radikalen Historikern am meisten geschätzt wird –, die für das, was im 17. und 18. Jahrhundert auf Madagaskar geschah, von unmittelbarer Bedeutung zu sein scheint. Ein paar Hintergrundinformationen sind deshalb durchaus angebracht.

Einige der frühen Piratenschiffe waren Kaperfahrer, die zur Seeräuberei gewechselt hatten, aber Piratenmannschaften bildeten sich üblicherweise durch Meutereien. Die Disziplin an Bord europäischer Schiffe war im 16. Jahrhundert willkürlich und brutal, die Mannschaften hatten oft gute Gründe, sich zu widersetzen; aber das Recht an Land war unversöhnlich. Eine meuternde Besatzung wusste, dass sie damit ihr eigenes Todesurteil unterschrieben hatte. Wer zum Piraten wurde, nahm dieses Schicksal in Kauf. Eine meuternde Besatzung erklärte »der ganzen Welt« den Krieg und hisste die Totenkopfflagge, den »Jolly Roger«.

Die Piratenflagge, die es in vielen Varianten gab, ist schon für sich genommen sehr aufschlussreich. Üblicherweise wurde sie als Abbild des Teufels verstanden, aber oft enthielt sie nicht nur einen Totenschädel oder ein Skelett, sondern auch ein Stundenglas, was weniger als Drohung (»Ihr werdet sterben«), sondern eher als reine Geste des Trotzes zu verstehen war (»Wir werden alle sterben, es ist nur eine Frage der Zeit«) und von Schiffsbesatzungen, die eine solche Flagge am Horizont ausmachten, wahrscheinlich als eher noch bedrohlicher empfunden wurde. Mit dem Hissen der Totenkopfflagge tat eine Schiffsbesatzung kund, dass sie darauf eingestellt war, dass man demnächst zur Hölle fahren werde.

Es könnte sich an dieser Stelle lohnen, einen Augenblick innezuhalten, um zu überlegen, wie ernst diese Art des Trotzes – nicht nur gegenüber dem Gesetz, sondern auch gegenüber Gott – in der Welt des Nordatlantiks im 17. Jahrhundert genommen wurde. Sich auf den Teufel einzulassen war keine beiläufige Angelegenheit. Diebstahl, Gewalt und Grausamkeit waren nach den seemännischen Maßstäben jener Zeit ganz normale Dinge; ganz anders verhielt es sich mit Blasphemie und der systematischen Ablehnung der Religion. Die Seemannssprache war und ist, damals wie heute, als abwechslungsreich und fantasievoll bekannt, doch unter Piraten schien sie sich zu einer regelrechten Ideologie zu entwickeln. Die Hölle lockte unverdrossen. Mit Sicherheit war es dieser Punkt, den außenstehende Beobachter unweigerlich hervorhoben. Clement Downings Geschichte eines Piraten namens John Plantain beginnt so, hier in der deutschen Ausgabe von 1738 wiedergegeben:

> »Jan Plantain. Dieser war gebohren auf der Insel Jamaica, in der so genannten Chockolaat-Höl, von Engeländischen Eltern, die ihr möglichstes thaten, ihm die Leben-Art, an die sie selbst gewöhnt waren, gleich vom Anfang an beyzubringen, nämlich das Fluchen, Schwören und Gotteslästern, welches überhaupts die saubere Anweisung ist, die der gemeinen Leut Kinder auf dieser Insel kriegen.«[2]

Derselbe Autor, seinerseits ein Seemann, beschreibt sein Entsetzen, als er miterlebt, wie seine Besatzung bei einer Jagd auf Piraten von madagassischen Dorfbewohnern mit begeisterten Zurufen wie »God damn ye, John! Me love you!« begrüßt wird – die Dorfbewohner hatten ihr Englisch von den Piraten gelernt.[3]

Plantain selbst ließ sich später eine Zeitlang auf Madagaskar nieder, wo er als »König von Ranters Bay« bekannt wurde. Der Titel hat Wissenschaftlern lange Zeit Rätsel aufgegeben. »Ranters Bay« klingt einerseits schlicht wie eine Anglisierung des madagassischen Rantabe (»großer Strand«), andererseits ist jedoch kaum vorstellbar, dass hier nicht auf die Ranter angespielt wird, eine radikale antinomistische Bewegung aus der Unterschicht, die zwei Generationen zuvor offen die Abschaffung des Privateigentums und der bestehenden Sexualmoral gepredigt hatte. (Der Hauptgrund für die Verabschiedung der Blasphemiegesetze in England war die Unterdrückung dieser Bewegung gewesen.) Es gibt zwar keinen historischen Beleg für einen unmittelbaren Einfluss des Gedankenguts der Ranter auf die Bukanier,[4] doch es stellt sich zumindest ein Gefühl für die Art von gedanklichen Assoziationen ein, die diese Leute in den Köpfen ihrer Zeitgenossen auslösten.

Diese Männer (die Piraten im Indischen Ozean waren fast ausnahmslos männlichen Geschlechts), die in einer Art von Todesraum lebten, wurden von gesetzestreuen Menschen als Kandidaten für die Hölle angesehen, wenn nicht sogar als leibhaftige Teufel, die sich auf eine perverse Identifikation mit ihrer eigenen Dämonisierung festgelegt hatten.

PIRATEN KOMMEN NACH MADAGASKAR

Bukanier der Epoche, die als »Goldenes Zeitalter der Piraterie« bekannt werden sollte, begannen ihre Laufbahn im Atlantik, wo sie Jagd auf die Schiffe machten, die aus der Neuen Welt kamen: auf die letzten Überbleibsel der spanischen

Schatzflotten und auf den neuen Reichtum, der aus der Plantagenwirtschaft der Westindischen Inseln stammte. Nach und nach entdeckten viele von ihnen, dass der Indische Ozean mit seinen europäischen und asiatischen Handelsschiffen, die mit Gewürzen, Seidenstoffen und wertvollen Metallen beladen waren, eine sehr viel üppigere Beute für sie bereithielt. Besonders verlockende Prisen waren im Roten Meer zu erwarten, vor allem bei Muslimen vom indischen Subkontinent, die sich auf die Pilgerfahrt nach Mekka begeben hatten. Madagaskar war der ideale Stützpunkt für solche Raubzüge, weil sich die Insel in einer Art von rechtlicher Grauzone befand: Sie gehörte nicht zum Geschäftsgebiet der British Royal Africa Company, die den Sklavenhandel auf dem Atlantik organisierte, aber sie fiel auch aus dem rechtlichen Zuständigkeitsbereich der East India Company heraus. Während es an der Westküste mächtige Königreiche gab und dies in einem gewissen Ausmaß auch auf den Süden zutraf, blieb der Nordosten ein weit offenes Land, in dem es auch zahlreiche Naturhäfen gab, die sich später zu den Hafenstädten Fénérive, Tamatave, Foulpointe und Sainte Marie entwickeln sollten.

Sainte Marie oder Saint Mary ist der Name, den europäische Händler einer Insel unmittelbar südlich der Bucht von Antongil gegeben haben, die mindestens seit den 1650er Jahren ein gemeinsamer Treffpunkt für Entdeckungsreisende und Plünderer gewesen war. Die Madagassen nennen sie Nosy Boraha (»Abrahams Insel«). Die Insel ist bekannt für ihren Wasserreichtum und einen gut geschützten Naturhafen, der sich nach 1691 zu einem bekannten und berüchtigten Piratenstützpunkt entwickelte – mit einem Fort, einer Werkstatt zur Überholung von Schiffen und einem Handelsplatz. Die Einwohnerzahl der kleinen Ansiedlung schwankte je nach Jahreszeit zwischen wenigen Dutzend und gut über tausend aktiven und nicht mehr zur See fahrenden Freibeutern, Entlaufenen und Flüchtlingen aller Art, die diesen Ort mit ihren verschiedenen madagassischen Frauen, Verbündeten, Händlern und Gefolgsleuten bevölkerten.

Der Gründer der Siedlung Sainte Marie war ein Mann namens Adam Baldridge, selbst ein ehemaliger Pirat, der auf Jamaika wegen Mordes gesucht wurde und bei einem extrem erfolgreichen, aber notorisch skrupellosen New Yorker Händler namens Frederick Philipse eine Anstellung als Handelsbevollmächtigter gefunden hatte. Philipse kannte sich in diesem Teil der Welt aus; er hatte sich Ende der 1680er Jahre bei der Ausrüstung und dem Chartern von Schiffen für den Kauf von Sklaven auf der Insel engagiert, und das ermöglichte es ihm, so zu tun, als würde er eine Station für »legitimen« Handel (Sklaven) einrichten, während der Ort in erster Linie dazu diente, die Bukanier zu versorgen und ihre Beute weiterzuverwerten. Eine gewisse Zeit lang führte dies zu einem lebhaften Handel zwischen Sainte Marie und New York. Schiffe, die sich auf die »Piratenrunde« von der Karibik in den Indischen Ozean begaben, legten zwangsläufig in Sainte Marie an. In vielen Fällen taten sie das, um ihr Schiff auszubessern und sich mit Proviant, Waffen und Munition zu versorgen, um später dann, im Erfolgsfall, für den Verkauf des Beuteguts zurückzukehren. Besatzungsmitglieder, die sich eine Pause von der Seefahrt gönnen oder versuchen wollten, inkognito in die Heimat zurückzukehren, gingen an diesem Ort von Bord; manche von ihnen ließen sich dauerhaft dort nieder.

Baldridge war der Kommandeur des Forts und bezeichnete sich selbst mitunter gern als »der Piratenkönig«, aber es gibt keinen Beleg dafür, dass irgendjemand sonst das genauso hielt oder dass er im Umgang mit anderen Bukaniern tatsächlich mehr war als der Erste unter Gleichen. Der Ort scheint weder über eine stabile Verwaltung noch über eine feste Wohnbevölkerung verfügt zu haben. Der Grund dafür war, dass die meisten Menschen, die sich dort aufhielten, nur eine zeitlich befristete Ruhepause einlegten; diejenigen, die tatsächlich länger bleiben wollten, starben oft schon nach kurzer Zeit an Tropenkrankheiten, die von Trunksucht und anderen Ausschweifungen noch verschlimmert wurden; wer überlebte, wechselte später meist als Siedler von Sainte Marie auf die Hauptinsel. Die Zahl der Piraten im Ruhestand wuchs im Lauf der Zeit auf mehrere Tausend an, und kleine Piratensiedlungen verteilten sich über die gesamte Nordostküste.

DAS PROBLEM MIT DER BEUTE

Man kann die Bedeutung von Sainte Marie nicht verstehen, wenn man sich nicht vergegenwärtigt, dass die Piraten, die bei ihren Raubzügen im Roten Meer oft in den Besitz enormer Mengen an Bargeld, Gold, Juwelen, Seidenstoffen und Kattun, Elfenbein, Opium und anderen exotischen Produkten gelangten, oft große Schwierigkeiten hatten, ihre Beute zu verkaufen. Man konnte in den 1690er Jahren nicht einfach – ebenso wenig, wie man das heute könnte – mit einer großen Tasche voller Diamanten in einen Londoner Juwelierladen spazieren und dafür mir nichts, dir nichts 100 000 Pfund in bar einstreichen; die Verfügung über so große Geldbeträge würde, vor allem bei Menschen von offensichtlich einfacher Herkunft, sofort die Aufmerksamkeit der Strafverfolgungsbehörden erregen. Je größer die Summe, desto größer wurde das damit verbundene Problem. In Piratengeschichten wird immer wieder davon berichtet, dass die Besatzungsmitglieder nach einem bestimmten Beutezug über einen Schatz im Wert von 120 000 Pfund verfügten, und dann wird eifrig nachgerechnet, wie viele Millionen dies wohl nach heutiger Währung und Kaufkraft wären, aber es war für einen Piraten kaum möglich, seinen Anteil an einer solchen Summe in ein stattliches Anwesen an der Küste von Cornwall oder von Cape Cod umzuwandeln. Vielleicht gelang es, einen korrupten oder käuflichen Kolonialbeamten auf den Westindischen Inseln oder auf Réunion aufzutun, der den Löwenanteil an der Beute einstrich und einem als Gegenleistung eventuell ein Leben als Siedler ermöglichte; ansonsten musste man sich einen ausgefeilten Plan zurechtlegen oder eine falsche Identität konstruieren, um auch nur einen Teil der Beute zu Geld zu machen.

Der Fall von Henry Avery (alias Henry Every oder Ben Bridgeman oder Long Ben), dem es gelang, sich die vielleicht größte Einzelbeute in der Geschichte der Piraterie zu sichern, liefert ein lehrreiches Beispiel. Avery war nach einer Meuterei der Mannschaft im Mai 1694 zum Kapitän des Kaperschiffes *Charles* gewählt worden.[5] Das Schiff stieß in den Indischen Ozean vor und schloss sich dort einem Geschwader an, das schließlich einen Konvoi schwer bewaffneter Pilgerschiffe des Großmoguls angriff, die auf dem Weg nach Mekka waren. Nach längerer Verfolgung und Kampf enterten sie schließlich zwei der Schiffe, die *Gang-i-Sawaii* und die *Fateh Muhammed,* und entkamen mit einem Beutegut, dessen Wert auf 600 000 Pfund geschätzt wurde (einen Betrag in dieser Höhe machte der Hof des Großmoguls später bei den englischen Behörden geltend). Nach einer beliebten Version dieser Geschichte erkannte Avery als Erster unter den Siegern, dass der Juwelenbesatz auf den Möbeln des Flaggschiffs kein schlichtes Glas war, und während seine Mannschaft Gold und Geldmünzen einsammelte, arbeitete er mit einem Meißel und sicherte sich so einen Sack voll Diamanten. Das ist jedoch mit großer Sicherheit eine Legende; in Wirklichkeit wurde die Beute verabredungsgemäß unter der Mannschaft aufgeteilt, aber die Verwertung der Beute entwickelte sich zu einem schwer zu lösenden Problem. Baldridge konnte bei derart wertvollen Objekten anscheinend nicht helfen. Einige der Männer versuchten ihr Glück deshalb auf Réunion, während das Schiff selbst zunächst Kurs auf Nassau nahm, wo der Gouverneur als bestechlich galt.

Das Problem war, dass die Beute einfach zu fantastisch ausgefallen war. Der Großmogul Aurangzeb war außer sich, bezichtigte die englische Regierung der Komplizenschaft, ließ Repräsentanten der East India Company in seinem Reich festnehmen und drohte mit ihrer Ausweisung; die englische Regierung erklärte Avery umgehend zum »Feind der ganzen Menschheit«, und es wurde eine internationale Fahndung nach dem Piraten ausgerufen – die weltweit erste Jagd dieser Art. Ein Teil von Averys Mannschaft zerstreute sich über die gesamten nordamerikanischen Kolonien; andere Männer kehrten unter falschen Namen nach Irland zurück; einige Piraten wurden entdeckt, als sie versuchten, ihre Beute an Land zu bringen, und ein paar dieser Ertappten verrieten ihre Gefährten. Letztlich wurden 24 von Averys Männern verhaftet und sechs von ihnen öffentlich gehängt, im Bestreben, den Großmogul und seine Leute zu beschwichtigen. Averys eigenes Schicksal blieb ungeklärt. Er wurde nie verhaftet. In manchen Erzählungen heißt es, er sei kurze Zeit später in seinem Versteck gestorben. Andere behaupteten, er habe schließlich eine Möglichkeit gefunden, seine Beute zu Geld zu machen, und dann einen sorglosen Ruhestand verbracht, möglicherweise irgendwo in den Tropen; wieder andere wussten zu berichten, er sei von Diamantenhändlern in Bristol – die wussten, dass ein gesuchter Verbrecher sie nicht verklagen konnte, ganz gleich, was sie sich ihm gegenüber herausnahmen – systematisch übers Ohr gehauen worden und viele Jahre später verarmt im Elendsviertel irgendeiner Hafenstadt gestorben. Der Nachlass habe bei seinem Begräbnis nicht einmal für einen Sarg gereicht.

Es wäre dennoch zu einfach, daraus einfach den Schluss zu ziehen, Averys internationale Bekanntheit sei nur eine Last gewesen. Die Legenden, die ihn schon bald umgaben, boten einer unbestimmten Zahl von Piraten in seiner Nachfolge – und vielleicht auch Avery selbst (wir wissen wirklich nichts über sein weiteres Schicksal) – eine Möglichkeit zu einer abenteuerlicheren Art, mit der bestehenden Machtstruktur zu verhandeln: indem sie behaupteten, Abgesandte eines Piraten-Königreiches zu sein. Schon bald gingen Gerüchte um (die in vielen Fällen eindeutig von Sainte-Marie-Piraten selbst gefördert wurden), nach denen Avery angeblich immer noch auf Madagaskar lebte – dass er tatsächlich mit der Tochter des Großmoguls entkommen sei, die sich nach der Kaperung der *Gang-i-Sawaii* in den tollkühnen Bukanier verliebt und gemeinsam mit ihm auf Madagaskar ein neues Königreich gegründet habe.

Manche Darstellungen beschrieben Avery als Herrscher, der die Insel zusammen mit seiner fürstlichen Braut von einer uneinnehmbaren Festung aus regierte oder einem utopischdemokratischen Experiment vorstand, bei dem alle Güter im Besitz der Allgemeinheit waren. (Das waren die Geschichten, aus denen schließlich Libertalia geformt wurde.) Schon bald erschienen Gesandte dieses imaginären Piratenstaates an Herrscherhöfen in ganz Europa und schwadronierten dort von einem aufblühenden neuen Königreich, das angeblich den südwestlichen Indischen Ozean beherrschte, mit Tausenden von Piraten, Bündnispartnern aus allen Nationen und einer gewaltigen Flotte von Kriegsschiffen, immer auf der Suche nach Verbündeten. Solche Leute wurden 1707 am britischen Königshof, 1712 und 1714 dann am französischen und niederländischen Hof vorstellig. In diesen Fällen hatten sie wenig Erfolg, aber ein paar Jahre später fanden sie in Russland, im Osmanischen Reich und in Schweden mehr Gehör. Die schwedische Regierung unterzeichnete tatsächlich erste Abkommen und bereitete die Entsendung eines Botschafters vor, bevor sie den Schwindel entdeckte; Peter der Große dachte über ein Bündnis mit den Piraten nach, als Ausgangspunkt für die Errichtung einer russischen Kolonie auf Madagaskar.[6]

Wir wissen natürlich nicht, ob diese »Gesandten« auf irgendeine Art Verbindungen zu aktiven Piraten hatten oder nur auf eigene Rechnung handelnde Trickbetrüger waren. Aber die Geschichten übten eine große Wirkung auf die Vorstellungskraft der Menschen in Europa aus. Einer der ersten Autoren, die sich des Themas des neuen Piratenstaates annahmen, war Daniel Defoe, der 1707 in seiner Zeitschrift *Review* ein ausgeklügeltes Plädoyer für die Anerkennung von Averys Königreich veröffentlichte: Viele Nationen der Antike, einschließlich Roms, stellte er in diesem Text fest, seien auf ähnliche Art von Banditen der einen oder anderen Art gegründet worden; falls die britische Regierung die Beziehungen zu einer neuen, aufstrebenden Macht nicht normalisiere, könne diese leicht zu einer Zuflucht für unternehmungslustige Kriminelle aus aller Welt und zu einer Gefahr für das Empire werden. Kurz danach wurde das mutmaßliche Königreich als Schwindel entlarvt. Dennoch erschienen volkstümliche literarische Werke zum Thema, deren erstes ein 1709 veröffentlichtes Pamphlet von Adrian van Broeck mit dem Titel »The Life and Adventures of Capt. John Avery; the Famous English Pirate, Now in Possession of Madagascar« war.

Zehn Jahre später versuchte Defoe selbst – mit der anonym veröffentlichten Geschichte »The King of Pirates, Being an Account of the Famous Enterprises of Captain Avery, the Mock King of Madagascar, his rambles and piracies, wherein all the sham accounts formerly published of him are detected« (1719) –, Klarheit in das Dunkel der Legenden zu bringen. Die Mogul-Prinzessin wurde gestrichen, und das utopische Experiment scheitert letztlich. Einige Jahre später degradiert Defoe – sofern er es war, der *A General History of the Pyrates* unter dem Pseudonym Captain Johnson veröffentlichte – Avery (1724 in Band 1 der *General History*) noch stärker und stellt ihn als unfähigen Schurken dar, der mit einem Haufen Diamanten entkommt, aber in Armut stirbt, und dessen Mannschaft auf der madagassischen Hauptinsel im Elend und Hobbesschen Chaos versinkt. Die Geschichte des großen utopischen Experiments (das jetzt Libertalia genannt wird) wird im vier Jahre später erscheinenden zweiten Band mit einem gänzlich der Fantasie entsprungenen Kapitän Misson in Verbindung gebracht.

DIE REALWIRTSCHAFT VON SAINTE MARIE

Die tatsächliche Geschichte von Sainte Marie mag vergleichsweise prosaisch anmuten, aber die Insel war eine echte Piratensiedlung und ein Ort, an dem die Plünderer der Schifffahrt auf dem Indischen Ozean mühelos Unterschlupf finden und dabei auf Landsleute stoßen konnten, und zumindest in den Jahren von 1691 bis 1699 konnten sie dort einen Teil ihrer Beute absetzen und gegen einige der aus der Heimat vertrauten Annehmlichkeiten eintauschen. Mehrmals im Jahr trafen Handelsschiffe aus New York ein, die nicht nur Bier, Wein, Schnaps, Schießpulver und Waffen an Bord hatten, sondern auch so unentbehrliche Dinge wie Wollstoffe, Spiegel, Geschirr, Hämmer und anderes Werkzeug, Bücher und Nähnadeln. Einen Teil ihrer Fracht auf der Rückreise machte die Piratenbeute aus, hinzu kamen noch madagassische Gefangene, die in New York als Sklaven verkauft wurden. Ironischerweise war es der letztere, der gesetzeskonforme »legitime« Handel von Sainte Marie, der fast zur Vernichtung der Piraten führte.

Der Sklavenhandel war auf Madagaskar nichts Neues. Arabische Händler hatten sich seit dem Mittelalter innere Kriege und Konflikte auf der Insel zunutze gemacht, um Gefangene zu entführen. Während der Frühzeit der europäischen Präsenz im Indischen Ozean dienten die Häfen Madagaskars dennoch hauptsächlich dem Wiederauffüllen der Vorräte und dem Ausbessern der Schiffe, die vom Kap kamen oder dorthin zurückkehren, und nicht so sehr dem Sklavenhandel. Madagaskar erwarb sich in Europa nach und nach den Ruf eines exotischen Inselparadieses. Es erschienen Traktate, in denen die Eigenschaften der Böden und des Klimas gepriesen wurden, und die französische wie auch die englische Regierung unterstützten Versuche, Siedlerkolonien zu gründen: in Fort Dauphin im Südosten (1643–1674) und in der Bucht von St. Augustin im Südwesten (1644–1646). Beide Vorhaben scheiterten. Niederländische Versuche, in der Bucht von Antongil Handelsniederlassungen zu gründen, wurden ebenfalls zunichte gemacht. Eines der großen Rätsel im Zusammenhang mit diesem Zeitalter war, dass Madagaskar zwar einerseits eine lange geschichtliche Tradition hatte, Händler, Siedler und Flüchtlinge aus den Anrainerstaaten des Indischen Ozeans willkommen zu heißen und einzugliedern – diese Menschen kamen nicht nur aus Ostafrika, sondern auch vom Persischen Golf, aus Sri Lanka, Sumatra und von anderen Orten –, europäische Siedler aber fast immer scheiterten, wenn sie versuchten, Fuß zu fassen.[7]

Das lag zum Teil auch daran, dass die europäischen Möchtegern-Siedler sich am Sklavenhandel beteiligten, was eine Zusammenarbeit mit den gewalttätigsten und unbeliebtesten Elementen der madagassischen Gesellschaft mit sich brachte, mit Banditen oder selbsternannten Kriegsherren. Aber damit lässt sich nicht alles erklären, weil viele arabische Händler sich ebenfalls einschlägig betätigten und im Hinblick auf eine Eingliederung deutlich erfolgreicher waren. Es lag auch daran, dass die Madagassen bestimmte Erwartungen an das Verhalten entwickelt hatten, das man sich von Ausländern wünschte, und die Europäer waren entweder nicht bereit oder nicht in der Lage, dem zu entsprechen. An der West- und an der Ostküste der Insel hatten sich diesbezüglich auch unterschiedliche Traditionen entwickelt. Der Handel im Westen wurde von arabischen und von Suaheli-Händlern beherrscht, die Antalaotra, »Meer-Menschen«, genannt wurden. Sie gründeten ihre eigenen Siedlungen an der Küste und hielten ständigen Kontakt zu ihren Herkunftsgemeinschaften. Sie neigten zu Eheschließungen untereinander, schlossen aber enge Bündnisse mit madagassischen Fürsten, die sie mit prächtigen Luxusgütern versorgten, im Austausch gegen tropische Produkte und Sklaven.

An der Ostküste bot sich ein ganz anderes Bild. Dort scheint die ausländische Präsenz vor allem von politischen und religiösen Flüchtlingen geprägt worden zu sein, die über den Indischen Ozean kamen, Ehen mit der einheimischen Bevölkerung schlossen und zum Kernbestand neuer Eliten wurden. Manchmal waren das neue Dynastien oder Aristokratien und manchmal Zauberer, Heiler und Intellektuelle – und manchmal beides.

Europäische Siedler im 16. und 17. Jahrhundert verfolgten keine dieser Strategien, schufen weder unabhängige Enklaven, die sich mit madagassischen Potentaten verbündeten, noch waren sie bereit, Mischehen mit Einheimischen zu schließen und vollständig und ohne Vorbehalte in das komplexe Spielgeschehen der aristokratischen Politik einzutreten. Im ersten Fall waren die europäischen Händler (vor allem zu Beginn ihrer Tätigkeit) nicht in der Lage, madagassische Verbündete mit orientalischen Luxusgütern zu überschütten, weil sie zu solchen Dingen gar keinen Zugang hatten; in der uralten Handelswelt des Indischen Ozeans waren sie nach wie vor in erster Linie Eindringlinge, und die Erzeugnisse ihrer Heimatländer galten im Umgang mit Königen als nicht präsentabel. Die einzige Ausnahme waren Feuerwaffen, aber das bestärkte die Madagassen nur in ihrem bisherigen Eindruck von Europäern, die sie für kaum mehr als gewalttätige Wilde hielten.

Im Lauf der Zeit gelang es zunächst den Niederländern und dann auch den Franzosen und Engländern, die Antalaotra als Geschäftspartner der Sakalava-Könige von Boina und Menabe zu ersetzen, was sie aber nur erreichten, indem sie sich mit Hilfe von überlegener Feuerkraft in die bestehenden Handelsnetze mit Seidenwaren, Porzellan und Luxusgütern hineindrängten. Sie waren, anders gesagt, den Piraten nicht unähnlich, und zweifellos wurden sie von nahezu allen anderen Bewohnern der Region auch so wahrgenommen. Für diese Menschen waren Unterscheidungen zwischen Piraten, Sklavenhändlern, Kolonisten und »rechtmäßigen« Händlern exotische legalistische Spitzfindigkeiten, die keinen praktischen Einfluss auf die Erwartung an das Verhalten von Personen hatten, die mit einem europäischen Schiff kamen. Abbé Rochon schreibt über »Malgaschen«, die das Verhalten von Piraten »mit dem Verfahren mehrerer Europäischen Schiffe« vergleichen, die an der Insel vorbeifuhren (in der Übersetzung von Georg Forster, Ausgabe von 1792):

> »[…] und die Vergleichung fiel nicht zum Vortheile der Letztern aus, da diese sich mehr als Einmal mit Gewalt Erfrischungen verschafft, und dabei unerhörte Bedrückungen verübt, z. B. Dörfer abgebrannt oder sie mit ihrem Geschütz niedergeschmettert hatten, wenn man ihnen nicht geschwind genug Ochsen, Hühner und Reiß lieferte. Nach solchen Gewaltthätigkeiten war der Anblick eines Europäischen Schiffes für die Insulaner natürlicher Weise ein Signal des Schreckens und Unglücks.«[8]

Der europäische Rassismus sorgte zugleich dafür, dass die Kolonisten, die es ansatzweise doch mit der zweiten Strategie versuchten, nicht imstande waren, sich vollständig in die madagassische Gesellschaft zu integrieren.

Die aufschlussreichste Anekdote in diesem Zusammenhang berichtet vom Ende der französischen Kolonie in Fort Dauphin. Die Gouverneure dort waren meist vernünftig genug gewesen, um in einflussreiche örtliche Familien einzuheiraten, und die meisten Kolonisten – fast alle waren Männer – hatten madagassische Ehefrauen und, nach kurzer Zeit, Familien. So gerieten sie auch in die lokale Politik, und das löste Verhaltensweisen aus, die selbst manche französischen Beobachter als »verabscheuenswert« bezeichneten.[9] Schon bald entwickelte sich unter der Bevölkerung eine massive Feindseligkeit, und die madagassische Verwandtschaft blieb der einzige Schutz der Kolonisten. Doch als französische Frauen den Ort betraten, sagten die Siedler sich sofort von dieser Verwandtschaft los, mit katastrophalen Folgen:

> »Das Ende der Kolonie kam 1674, als eine Gruppe junger Frauen, die auf dem Weg nach Bourbon (Réunion) war, im Hafen schiffbrüchig wurde. Die Frauen überredeten den Gouverneur, sie mit den Kolonisten zu verheiraten; die madagassischen Frauen der Kolonisten verrieten diese daraufhin an madagassische Kämpfer, die etwa 100 von ihnen bei den Hochzeitsfeierlichkeiten massakrierten. Die Überlebenden flohen bald darauf mit einem Schiff, nachdem sie zuvor die Kanone unbrauchbar gemacht und die Gebäude niedergebrannt hatten.«[10]

Die Feststellung, dass die Piraten mit ihren madagassischen Nachbarn besser zurechtkamen als frühere europäische Siedler, ist angesichts dieser unglücklichen Vorgeschichte vielleicht nicht besonders aussagekräftig. Aber sie macht deutlich, dass die Piraten im Vergleich zu ihren Landsleuten einige deutliche Vorteile besaßen. Zunächst einmal hatten sie tatsächlich Zugang – und das auch noch oft in erheblichen Mengen – zu orientalischen Luxusgütern, mit denen sie einheimische Verbündete erfreuen konnten. Zweitens sahen sie, nachdem sie die gesellschaftliche und politische Ordnung ihrer Heimatländer so vollständig hinter sich gelassen hatten, keinen Grund, der gegen eine vollkommene Integration sprach. Schon bald gab es erste Berichte ausländischer Beobachter über madagassische Frauen im Hafen von Sainte Marie, »die mit Gold- und Silberfäden bestickte Kleider aus den schönsten indischen Stoffen trugen, goldene Kettchen, Armbänder und sogar Diamanten von erheblichem Wert«.[11]

Baldridge selbst heiratete eine einheimische Frau und scheint einige Kinder gezeugt zu haben. Viele Piraten haben sich wohl auf der Insel niedergelassen und wurden zu Madagassen – oder übernahmen, um es genauer zu sagen, die traditionelle Rolle halbmadagassischer Ausländer. Man könnte sie als »eingebürgerte Außenseiter« bezeichnen, die im Verkehr mit fremden Händlern die Vermittlerrolle übernehmen konnten, ein in jenem Teil der Küstenlandschaft vertrautes Phänomen.

Der Weg, der bis hierher führte, war alles andere als problemlos, und Baldridges eigenes Schicksal bietet hierzu ein lehrreiches Beispiel. Baldridge stand, weil seine Tätigkeit auf Sainte Marie zumindest halblegal war – während des größten Teils der 1690er Jahre existierte kein Gesetz, das den Handel mit Gesetzlosen verbot –, unter dem gleichen Druck vonseiten seiner Auftraggeber aus der Heimat, der einige der schlimmsten Taten früherer europäischer Händler auslöste. Nach seinem eigenen späteren Bericht baute er ein Fort auf der Insel und machte es zu einer Zuflucht für Menschen, die vor den endemischen Kleinkriegen, Überfällen und Gegenüberfällen flohen, die das Leben auf der Hauptinsel prägten; und dann, mit der Unterstützung der Flüchtlinge, organisierte er selbst Überfälle mit dem Ziel, Gefangene zu machen, die man für gefangene Verwandte eintauschen konnte. Dabei kam es natürlich vor, dass einige dieser Gefangenen an die Kapitäne von Handelsschiffen verkauft wurden, die regelmäßig aus Manhattan eintrafen. Aber die Zahl dieser Gefangenen schien nie groß genug zu sein, um den Auftraggeber Philipse in New York zufriedenzustellen. Baldridges teilweise erhaltene Korrespondenz mit seinem Arbeitgeber ist gespickt mit ungehaltenen Beschwerden über die geringe Zahl und die mindere Qualität der von ihm gelieferten Sklaven.

Den endlosen Schmähreden des Auftraggebers zum Trotz scheint eine große Zahl von madagassischen Sklaven nach New York gelangt zu sein. Eine Ahnung, wie viele es waren, vermittelt dieser Hinweis: Als die Behörden in New York im Jahr 1741 etwas entdeckten, was sie für ein Netzwerk revolutionärer Zellen hielten, die einen Aufstand in der Stadt planten, stellten sie fest, dass diese Menschen nach Sprachgruppen organisiert waren: Die auffälligsten unter diesen Gruppen waren die Sprecher westafrikanischer Sprachen (Fante, Papa und Igbo), die Iren und die Madagassen.[12]

Philipse erhöhte den Druck noch, als er erfuhr, dass auf Mauritius und Réunion Zuckerplantagen angelegt wurden, was für ihn einen betriebsbereiten, nahe gelegenen Markt bedeutete. Es ist unklar, was er gegen Baldridge in der Hand hatte, aber es muss etwas Gravierendes gewesen sein, weil der alte Pirat sich 1697 zu einem Akt des selbstzerstörerischen Verrats genötigt sah: Er lockte mehrere Dutzend seiner madagassischen Bundesgenossen, »Männer, Frauen und Kinder«, auf ein Handelsschiff und schickte sie in Ketten über den Atlantik.[13]

Nachdem dieser Vorgang bekannt geworden war, scheinen die Oberhäupter örtlicher Lineages zu dem Entschluss gekommen zu sein, dass die Piraten damit ihren Willkommensbonus verwirkt hatten, und wenige Monate später kam es zu koordinierten Angriffen auf Sainte Marie und auf Piratensiedlungen auf der Hauptinsel. Auf Sainte Marie zerstörten die Angreifer das Fort und schnitten rund 30 Piraten die Kehle durch – nur einer Handvoll Überlebender gelang die Flucht aufs offene Meer hinaus. Die Piraten auf der Hauptinsel scheinen günstiger davongekommen zu sein, ihnen gelang es, die Angreifer abzuwehren (die möglicherweise auch nur eine Warnung im Sinn hatten): In manchen Fällen waren sie vielleicht gewarnt worden, und an zumindest einem Ort – das scheint das wichtige Hafenstädtchen Ambonavola, das spätere Foulpointe, gewesen zu sein – hielten sie stand, weil ihre madagassischen Verbündeten bereit waren, sie zu verteidigen.[14]

Baldridge hatte Glück. Er befand sich auf einer Seereise nach Mauritius, als der Angriff erfolgte, und als er erfuhr, was geschehen war, machte er sich sofort auf den Weg nach Amerika. Sechs Monate später trat ein anderer Handelsmann, ein gewisser Edward Walsh, an seine Stelle, und bald darauf war in Berichten schon wieder die Rede von einem blühenden Städtchen auf der Insel, in dem Hunderte von Freibeutern lebten. Das Fort wurde dennoch nicht wiederaufgebaut.

Der Sklavenhandel von Sainte Marie hörte auf. Aber auch die Hehlerei mit dem Beutegut wurde schwieriger: Dass Avery und, später, Kapitän Kidd (der ebenfalls von Sainte Marie aus operiert hatte) internationale Bekanntheit erlangten, veranlasste die Behörden in London und New York zu einem entschlosseneren Handeln. Kriminelle auszurüsten und mit ihnen Handel zu treiben wurde verboten, und man schickte eine in erster Linie symbolisch gemeinte Strafexpedition auf die Reise (es gelang ihr nicht, auch nur einen Piraten zu stellen). Zu diesem Zeitpunkt lebten die meisten Piraten bereits auf der Hauptinsel, und die Beziehungen zu ihren madagassischen Gastgebern schienen einen Wandel durchlaufen zu haben.[15]

DAS WAHRE LIBERTALIA I: AMBONAVOLA

Die Piraten-Siedler erlitten also im Jahr 1697 fast dasselbe Schicksal wie alle früheren europäischen Siedler, die sich auf der Insel niederzulassen versuchten. Nur die guten Beziehungen, die die Piraten-Siedler auf der Hauptinsel zu ihren madagassischen Nachbarn unterhielten, ermöglichten ihnen das Überleben. Besonders dramatisch fielen die Veränderungen hinsichtlich der Einstellung im Umgang mit Sklavenhändlern aus. Die Piraten, die an dem Küstenstreifen lebten, welcher der vorgelagerten Insel Sainte Marie gegenüberlag, engagierten sich schließlich bei der Verteidigung der Küste gegen diesen Handel: Der Angriff auf Sklavenschiffe oder deren Übernahme, durch heimliche Absprache – oft mit dem stillschweigenden Einverständnis der Besatzung, die sich dann den Piraten anschloss – erreicht, wurde zu ihrer bevorzugten Methode für den Erwerb neuer Schiffe. Dies und die Furcht vor weiteren Aufständen scheint einen tiefgreifenden Wandel in der Einstellung der Piraten zu Konflikten ausgelöst zu haben. Männer wie Baldridge hatten noch von Unruhen in ihrem unmittelbaren Umfeld profitiert (weil diese für Gefangene sorgten) und waren dafür bekannt, sie auch noch zu schüren, doch die Piraten erkannten nach und nach – zumindest nach den Erkenntnissen einiger von Johnsons Quellen –, dass ihren Interessen am besten gedient war, wenn sie das genaue Gegenteil taten.

Der große Held in diesem späteren Zeitraum nach dem Aufstand ist nach der Darstellung in Johnsons *General History of the Pyrates* ein Mann namens Nathaniel North. North stammte von den Bermudainseln, war dort zum Dienst in der Royal Navy gepresst worden und hatte 1698 die Seiten gewechselt. In den Berichten wird er immer als ein zögerlicher, ungewöhnlich gewissenhafter und sorgfältiger Pirat dargestellt. Nach einer Reihe von Abenteuern und Misserfolgen gelang es ihm, so wurde es berichtet, das Kommando über ein gekapertes und auf den Namen *Defiance* umgetauftes indisches Schiff zu erlangen, das über 52 Kanonen verfügte. Nach dem Verlust seines Ankers in Fort Dauphin trieb das Schiff schließlich an Weihnachten im Jahr 1703 in eine unter dem Namen Ambonavola bekannte Bucht an der Ostküste. Es scheint ein madagassischer Küstenort von einer gewissen Bedeutung gewesen zu sein, weil verschiedene Berichte von Piraten ihn als eine Anlegestelle für Schiffe erwähnen, deren Besatzungen dort Reis und andere Lebensmittel kauften. Mehrere Piraten hatten in der Vergangenheit bereits versucht, sich dort anzusiedeln, hatten das Vorhaben jedoch letztlich aufgegeben.[16]

North scheint zu dem Entschluss gekommen zu sein, dass es eine gute Idee wäre, es dort noch einmal zu versuchen. Etwa ein Dutzend Männer der ursprünglichen indischen Schiffsbesatzung war immer noch bei North. Eines Abends, als das Schiff unbewacht war, sagte North zu ihnen, das könnte für sie ein günstiger Augenblick sein, um das Schiff wieder unter ihre Kontrolle zu bringen und nach Hause zu fahren. Sie folgten seinem Hinweis. Als Norths Männer am nächsten Morgen sahen, was passiert war, schalt er sie wegen ihrer Nachlässigkeit. Die gutmütigen Männer nahmen das gelassen hin, und nachdem sie Weihnachten gefeiert hatten, beschlossen sie, das Beste aus ihrer Lage zu machen. Besonders wichtig war, dass sie sich dafür entschieden, ihre bisherige Organisation an Land beizubehalten, und North zum »Kapitän« ihrer Siedlung wählten. Johnson berichtet:

> »Sie versuchten ihre Lage so anzunehmen, wie sie war, denn es gab keine Hilfe; sie brachten ihre Besitztümer an verschiedene, nah beieinander gelegene Stellen, wo sie wohnen wollten, kauften Vieh und Sklaven und lebten fünf Jahre lang nachbarschaftlich zusammen; sie rodeten viel Land und bauten Yams, Kartoffeln und andere Feldfrüchte an.
>
> Zwischen den Eingeborenen, unter denen sie lebten, gab es viele Auseinandersetzungen und Kriege, aber die Piraten griffen ein und versuchten, alle Differenzen zu schlichten; North entschied nicht selten über ihre Konflikte, er tat das mit jener Unparteilichkeit und dem strikten Bestreben, Recht zu sprechen (denn er wurde

von allen Beteiligten anerkannt, ein Mann von bewundernswerter natürlicher Begabung), was ihm immer gelang, auch aus der Sicht der Partei, die unterlag, aber zufrieden war mit der Vernunft und der Billigkeit seiner Entscheidungen.«[17]

Was jetzt folgt, ist zweifellos eine übertriebene und romantisierende Darstellung, aber nichts daran ist unplausibel. Fremde aller Art, die sich (vorübergehend) im Land aufhalten, werden gebeten, bei Konflikten unter den Einheimischen zu vermitteln, und das beschriebene gute Einvernehmen unter den Piraten beruht auf historischen Tatsachen. Außenstehende stellten häufig fest, dass Piraten, obwohl sie immer bewaffnet und häufig betrunken waren, so gut wie nie gewalttätig aneinandergerieten:

»Diese Neigung zur Friedfertigkeit, die die Piraten untereinander zeigten, und das Beispiel für ein einvernehmliches Zusammenleben, das sie gaben, weil sie sorgsam jegliche Art von Zusammenstößen vermieden und übereinkamen, alle Anlässe für Klagen untereinander, die auftreten könnten, vor North und zwölf ihrer Gefährten zu bringen, die das Vorgetragene in Ruhe anhörten, verliehen ihnen einen guten Leumund unter den Eingeborenen, die zuvor gegen den weißen Mann sehr starke Vorurteile gehegt hatten. Ja, in dieser Hinsicht, bei der Wahrung einer Harmonie untereinander, hielten sie es gar so genau, dass jeder, der einen zornigen oder gereizten Ton anschlug, von allen anderen in der Gemeinschaft zurechtgewiesen wurde, vor allem, wenn er das vor Eingeborenen tat, und sei es nur vor einem

Sklaven, der in ihrem Besitz war; denn sie gingen, und das sehr zu Recht, davon aus, dass Einheit und Übereinstimmung die einzigen Mittel waren, die ihre Sicherheit garantierten; weil die Eingeborenen dazu neigten, aus dem geringsten Anlass gegeneinander Krieg zu führen, zweifelten die Piraten nicht daran, dass diese den Vorteil einer jeden Uneinigkeit, die sie zwischen den Weißen eventuell beobachteten, nutzen und sie niedermachen würden, wann immer sich eine günstige Gelegenheit bot.«[18]

Mit anderen Worten: Die Piraten profilierten sich also nicht nur als neutrale Vermittler bei örtlichen Streitigkeiten, sondern achteten auch sehr genau darauf, jedwede Art von Groll in den eigenen Reihen nicht sichtbar werden zu lassen, damit die Madagassen sich ihre internen Streitigkeiten nicht auf die gleiche Art zunutze machen konnten, wie Männer von Baldridges Schlag es im Umgang mit ihnen vorgemacht hatten. Der Autor Johnson (der, es sei hier wiederholt, vermutlich Daniel Defoe ist) beschreibt dann detailliert die improvisierte Regierungsform, die daraus entstand:

»Bei jedem Fehler, aus dem sich ein Streit ergab, oder bei jeder unfreundlichen Äußerung, die in Gesellschaft fiel, gingen sie alle auseinander, und einer aus der Gesellschaft schüttete das, was an Schnaps vor ihnen stand, auf den Boden und sagte, kein Streit könne zwischen ihnen aufkommen, ohne dass es Verluste gebe; und deshalb opfere er diesen Schnaps dem bösen Dämon, um einen größeren Schaden zu vermeiden. Dann wurden die beiden streitenden Parteien – wobei ihnen angedroht

> wurde, dass sie aus der Gesellschaft ausgeschlossen und in einen anderen Teil der Insel geschickt würden – für den darauffolgenden Morgen bei Kapitän North vorgeladen und unterdessen angewiesen, in ihren Häusern zu bleiben.
>
> Am nächsten Morgen kamen beide Parteien zusammen, und alle Weißen waren ebenfalls einbestellt. Der Kapitän setzte den Kläger und den Beschuldigten auf eine Seite und sagte den Anwesenden, dass sie, bis der Angreifer damit einverstanden sei, der Gerechtigkeit Genüge zu tun, und der Geschädigte seinen Groll abgelegt habe, diese beiden als Feinde der Allgemeinheit einschätzen und nicht als ihre Freunde und Gefährten betrachten sollten. Dann schrieb er die Namen der Anwesenden nieder, rollte die Lose zusammen und legte sie in einen Hut, aus dem jede Partei, dabei den Hut schüttelnd, sechs Lose zog; und diese zwölf Lose enthielten die Namen der beisitzenden Richter, die gemeinsam mit dem Kapitän über den Fall verhandelten und entschieden, indem sie Zeugen aufriefen und befragten.«[19]

All dies geschah unter strikter Geheimhaltung, damit möglichst kein Madagasse mitbekam, dass eine Auseinandersetzung stattfand. Am darauffolgenden Tag wurde nach dieser Darstellung dann über die Sache entschieden, wobei die unvermeidliche Bestrafung darin bestand, dass irgendeine Art von Bußgeld zu zahlen war: Im Wesentlichen war das eine Umschichtung der persönlichen Reichtümer der Piraten.

Das Opfer für den Teufel (»bösen Dämon«) mag den Anschein vermitteln, es sei erdacht worden, um zu schockieren, weil der Autor (wie so oft) versuchte, seine gutbürgerliche

Leserschaft zu provozieren, indem er den Gedanken nahelegte, dass selbst die verkommensten Verbrecher zu einem besseren Benehmen fähig seien als sie selbst. Aber die Darstellung könnte ohne Weiteres zutreffend sein, weil, wie wir noch sehen werden, Schilderungen madagassischer Rituale im gleichen Kapitel korrekt zu sein scheinen.[20]

Johnson schildert im weiteren Verlauf, wie Ambonavola sich zu einem wichtigen Piraten-Stützpunkt entwickelte, der Sainte Marie sehr ähnlich war, wie North und seine Männer Bündnisse mit benachbarten madagassischen »Stämmen« schlossen, ebenso wie mit Monarchen weiter im Norden und Süden der Insel; wie sie in eine Reihe von lokalen Konflikten verstrickt wurden; wie North heiratete und drei madagassische Kinder hatte. Nach einer kurzen Rückkehr zur Piraterie im Jahr 1707 setzte sich North dauerhaft zur Ruhe, wurde jedoch letztlich – vielleicht um das Jahr 1712, das Datum ist nicht gesichert – von einer Gruppe von Madagassen, die für einen früheren Konflikt Rache übten, in seinem Bett getötet.

Die meisten dieser Einzelheiten sind nur aus der *General History* und aus dem Werk anderer beliebter Autoren jener Zeit bekannt; Madagaskar-Historiker widmeten überraschend wenig Arbeit der Frage, wer die verschiedenen im Text erwähnten Parteien gewesen sein mochten und wie diese Ereignisse in die Gesamtgeschichte Madagaskars einzuordnen sind. Es ist nicht einmal völlig gesichert, wo Ambonavola lag; aber weil es heißt, der Ort habe rund 50 Landmeilen südlich von Sainte Marie gelegen und sei eine große und dauerhafte Siedlung gewesen, müsste es sich ziemlich sicher entweder um das spätere Fenoarivo oder um Foulpointe gehandelt haben, und Anne Molet-Sauvaget plädiert überzeugend dafür, dass der letztere Ort gemeint war.[21]

Man kann sich gut vorstellen, wie die neue Rolle der Piraten, sich weitgehend als friedfertige Vermittler zu etablieren, die ihren Reichtum und ihre Pracht mit einem Gespür für soziale Gerechtigkeit verbanden, zu den utopischen Fantasien beigetragen haben könnte, die bereits über die Persönlichkeit Averys im Umlauf waren. In Johnsons Erzählung wurden die Piraten von ihren Nachbarn wie Fürsten behandelt. Aber in Wirklichkeit scheinen sie beharrlich daran gearbeitet zu haben, die zunächst an Bord von Schiffen entwickelten demokratischen Institutionen auf Formen zu übertragen, die auch an Land zu verwirklichen waren. Und wie wir noch sehen werden, gibt es gute Gründe für die Annahme, dass ihre madagassischen Nachbarn von ihrem Vorbild beeinflusst wurden.

WEITERE SCHATTENKÖNIGE: JOHN PLANTAIN

Eine definitive Geschichte der Piraten-Ansiedlung auf Madagaskar zu schreiben ist völlig unmöglich. Die Quellen sind mager, sie bestehen aus nicht viel mehr als zeitgenössischen Erzählungen, die damals für die allgemeine Leserschaft geschrieben wurden, und einer Handvoll Gerichtsakten, zu denen oftmals lakonisch ausgefallene Berichte von Personen gehören, die später in England oder Amerika wegen Piraterie eingesperrt wurden. Wenn mehrere Berichte zu ein und demselben Ereignis vorliegen, widersprechen sie einander in der Regel. Die populären Darstellungen sind oft eindeutig auf Sensationsmache ausgerichtet – das bedeutet jedoch nicht, dass sie unwahr wären, weil es offensichtlich eine erhebliche

Zahl äußerst sensationeller Ereignisse gab. Auf der madagassischen Seite wurde überraschend wenig geforscht. Alles, was wir haben, ist also eine Reihe von winzigen Fenstern für den Blick auf außergewöhnliche Ereignisse.

Die grundlegenden Tatsachen stehen dennoch nicht infrage. Bukanier machten weiterhin, bis etwa 1722, die über Madagaskar führende »Piratenrunde«, bis die britische und die französische Regierung ernsthaft gegen die Seeräuberei vorzugehen begannen. Einige der Gejagten machten nur kurz auf Madagaskar Halt und setzten sich dann auf Réunion zur Ruhe, wo der Gouverneur bereit war, als Gegenleistung für die Begnadigung von Piraten einen Anteil an der Beute zu akzeptieren. Manche wurden zu Beratern der Sakalava-Könige, andere zu Helfern von Samuel Abraham, einem Piraten, der – infolge verschiedener lokaler Machenschaften – kurzzeitig auf dem Thron des ehemaligen Matitana-Königreichs unweit der aufgegebenen französischen Siedlung Fort Dauphin landete. Aber die meisten derjenigen, die blieben, zogen es vor, sich im Nordosten niederzulassen, wo sie entweder, wie North, ihre eigenen Siedlungen errichteten oder bei ihren madagassischen Familien einzogen.

Einige der Piraten, die eigene Siedlungsgemeinschaften bildeten, erklärten sich selbst zu Königen, erhoben großartige Ansprüche, die in manchen Fällen die gesamte Insel umfassten, und präsentierten ihre Frauen als örtliche Fürstinnen. Der bis heute bekannteste von ihnen ist John Plantain, »der König von Ranter Bay«, dessen Geschichte von einem Bevollmächtigten der East India Company, dem schon erwähnten Clement Downing, ausführlich erzählt wurde. Downings Buch *A History of the Indian Wars* (1737; dt., 1738: *Die neuesten Unruhen auf der Ost-Indischen Küste)* enthält eine recht lange Nebenerzählung über Madagaskar. Der Autor lernte Plantain 1722 kennen; er beschreibt ihn als den Inbegriff eines Draufgängers, als einen Mann, der ihn am Meeresstrand »zwar schlecht gekleidet, aber mit zwey Pistolen im Gürtel« begrüßte:[22]

> »*Jan Plantain, Jacob Adair* und *Hannß Burgen* ein Dähne, machten sich an der Ranterbay vest, wo sie eine raumliche Landstreck in Besitz nahmen. Plantain, der mehr Geld, denn die andern alle, besaß, machte sich selbst zum König dieser Bay, und die Einwohner singen noch gewisse Lieder ihm zu Ehren. Hier brachte er eine grosse Anzahl der Inwohner unter seine Botmässigkeit, die er auch als Souverän zu beherrschen schien, aber doch seine Besoldungen vollkommen nach ihrem Vergnügen auszahlte. […]
> Das Hauß, worinn Plantain seinen Aufenthalt hatte, war so schön und bequem gebaut, als es die Gelegenheit des Ortes zulies. Vor andern Divertissementen und Belustigungen versah er sich mit vielen Frauen und Dienstboten, die er alle in grosser Submission hielt, und die er nach englischer Art *Mol, Kate, Sue*, oder *Pegg* nannte. Diese Frauen waren in die aller kostbarsten seidenen Stoffen gekleidet, ja einige trugen Demanten-Schmuck am Hals. Manchmal kam er aus seinem Gebiet nach der Insel St. Maria, wo er verschiedene Theile am Fort des Capitains Averys auszubessern anfing.«[23]

Plantain ließ sich genau zu der Zeit auf Madagaskar nieder, als die Legende, die sich um Henry Avery rankte, auf ihrem Höhepunkt war und mutmaßliche Abgesandte der imaginären Piraten-Regierung in Europa von Hof zu Hof zogen und sich um Bündnisse bemühten. Daher kommt der Hinweis auf das »Fort des Capitains Averys«, in Wirklichkeit natürlich Adam Baldridges altes Fort im Hafen von Sainte Marie, das beim Aufstand von 1697 zerstört worden war. Plantain scheint alles getan zu haben, was in seiner Macht stand, um mit dieser Legende zu spielen.[24] Downings Schilderungen wirken bei oberflächlicher Lektüre zwar glaubwürdig, aber nahezu alles an der Geschichte riecht nach Übertreibungen, mit denen leichtgläubige Fremde beeindruckt werden sollen. (Zu den farbigsten Details von Downings Bericht zählen die madagassischen Chöre, die Lieder zum Lobpreis von Plantains Eroberungen vortragen – »an denen fast jeder Vers sich mit diesen Worten endigte: *Plantain, König der Ranterbay*. Das war was, wobey sich der Rauber kein geringes zu seyn dünken lies; gleichwie er auch grosses Wolgefallen an den Tänzen bezeugte, welche die Inwohner mit grossen Hauffen aufführten«.[25] (Da Downing kein Malagasy sprach, wissen wir natürlich nicht, was in den Liedtexten tatsächlich besungen wurde.)

Downing schildert auch eine Begegnung mit dem Befehlshaber von Plantains madagassischen Truppen, einem Mann, den er »Mulatto Tom« oder einfach »den jungen Kapitän Avery« nennt, weil er behauptete, der Sohn des legendären Piraten zu sein:

> »Dieser Molatto Tom war eine Person, die unter diesem Volk sehr gefürchtet wurd, so daß viele blos, wenn er sie nur ansahe, bebeten; oft wolten sie ihn zu einem König machen, er schlug aber diesen Titel allezeit aus. Er war ein Mann, dem der Verstand aus den Augen sah, von guter Taille und muntern Wesen […]. Das Haar, das er hatte, war auch lang und schwarz, wie an den Malabari-

> schen oder Bengalischen Indianern, welches mich glauben machte, daß Capitain Avery ihn mit einer von den Indianischen Weibern gezeugt haben müsse, die zugleich am Boort des Mohrischen Schifs, das er samt der Tochter des grossen Moguls weggenommen, gewesen waren. Und diese Muthmassung ist darum wahrscheinlich, weil er bezeugte, er wisse nicht, wer seine Mutter gewesen; denn eine schwarze Madagascarische Frau habe ihn gesäugt, welche er auch etliche Jahre für seine Mutter gehalten; bis man ihn gesagt, daß dieselbe bereits in seiner zartesten Kindheit gestorben.[26]

Das kann nur eine reine Fantasiegeschichte sein, da Avery nicht mit indischen Prinzessinnen nach Madagaskar zurückkehrte; aber es scheint hier auch deutlich zu werden, dass Downings Gastgeber sehr viel Spaß mit ihm hatten und darum wetteiferten, wie viel sie dem naiven Engländer weismachen konnten. Downing schrieb eifrig alles auf, was sie ihm erzählten: wie Plantain in einen Krieg mit dem Sakalava-König Toakafo geriet (»den die Rauber Groote Dirk oder König Dick nannten«),[27] nachdem dieser ihm seine Enkelin nicht zur Frau geben wollte; wie dies zu einer unübersichtlichen und immer unwahrscheinlicher klingenden Serie von Feldzügen führte, bei der Plantains Armee kreuz und quer über die Insel marschierte, mit einer schottischen Fahne auf der linken und einer dänischen Fahne auf der rechten Flanke; und wie sie schließlich, nach zahlreichen Gemetzeln, raffinierten Kriegslisten und grausigen Hinrichtungen, im Besitz der Häfen von Nouveau Masselage, St. Augustine, Fort Dauphin und allen dazwischen liegenden Orten waren. Plantain beherrschte nach dieser Erzählung jetzt die gesamte Insel Madagaskar.

Doch Downing hat, als die Geschichte zu Ende ist, seiner eigenen anfänglichen Schilderung in großen Teilen widersprochen, weil er festhält, dass Plantain sich nach seinen Siegen mit König Dicks Enkelin niederließ, die nach ihrem englischen Vater den Namen Eleanor Brown trug und eine gläubige Christin war. Plantain liebte sie sehr, obwohl sie, als er sie heiratete, von einem anderen Mann schwanger war. Anstatt gegenüber seinen Frauen und Dienern den Herrn zu geben,

> »übergab [er] ihr so dann die völlige Besorgung seines Hauß-Wwesens, und stelte etliche von seinen andern Frauen ab. [...] Er kleidete sie aufs properste, in die kostbarsten Diamanten und Juweln, die er hatte, und gab ihr zwanzig Sclavinen zu ihrer Aufwartung zu. Diß war auch die Frau, mit welcher sich Christoph Lisle [hatte] gemein machen wollen, daher ihn auch Plantain auf der Stelle tod geschossen.«[28]

Die Erzählung endet mit weiteren Seemannsgeschichten, die einige Jahre später hinzukamen. Man muss nicht viel zwischen den Zeilen lesen, um sich vorstellen zu können, was geschehen sein muss. Nachdem er sich selbst zum »Großen König von Madagaskar« erklärt und eine erhebliche Zahl von Gefangenen an vorbeikommende britische Schiffe verkauft hatte, erkannte Plantain, dass seine Position so unhaltbar war, wie Baldridges Lage einst gewesen war, und er verließ Ranter's Bay – vielleicht nach einer Warnung durch seinen »General« Tom, dass ihm vermutlich schon bald dasselbe Schicksal drohe wie einst Baldridge –, begleitet von seiner Frau und seinen Kindern, um sich in Indien ein günstigeres Umfeld zu suchen.

EINIGE PROBLEME MIT DER CHRONOLOGIE

Der bemerkenswerteste Punkt an Downings Bericht über John Plantain ist das Jahr, in dem diese Begegnung stattfand: 1722. Die Person, die er als »Mulatto Tom« bezeichnet, ist eindeutig Ratsimilaho. Ratsimilaho war tatsächlich der Sohn eines englischen Piraten und unter Ausländern als »Tom Tsimilaho« oder schlicht als »Tom« bekannt. Die madagassischen Kinder von Piraten wurden damals als »Malata« bezeichnet, was vom englischen Wort »mulatto« (»Mulatte«) abgeleitet ist. Deshalb ist es äußerst unwahrscheinlich, dass mit »Mulatto Tom« irgendeine andere Person gemeint gewesen sein könnte. Aber das lässt die Geschichte, die er und Plantain dem Autor Downing erzählten, umso mehr als Schelmenstück erscheinen, denn 1722 war ganz gewiss Ratsimilaho – und nicht der Pirat – der faktische König von Madagaskars Nordostküste.

Die Jahre von 1712 bis 1720 waren nach der heute allgemein akzeptierten historischen Darstellung von einer Reihe von Kriegen geprägt, die im Nordosten zwischen den Armeen zweier rivalisierender Bündnisse geführt wurden – die Betsimisaraka unter dem Oberbefehl von Ratsimilaho standen dabei den Tsikoa oder Betanimena unter dem Kommando eines militärischen Führers namens Ramangano gegenüber, die die Kontrolle über die Hafenorte an der Küste übernommen hatten.[29] Diese Kriege erreichten ihren Höhepunkt mit dem absoluten Sieg der Betsimisaraka. Aber wenn dies wahr ist, wäre Ratsimilaho zu dem Zeitpunkt, als er Downing kennenlernte, bereits seit zwei Jahren der unangefochtene Herrscher über die Nordostküste gewesen. Und dennoch beschloss er aus irgendeinem Grund (vielleicht nur zu seinem eigenen Vergnügen), im Gespräch mit einem Abenteurer aus Jamaika nur einen General zu spielen. Was für ein König ist dieser Mann, der sich als gewöhnlicher General ausgibt?

Unsere Hauptquelle zu Ratsimilahos Leben ist eine 1806 verfasste Erzählung eines französischen Autors namens Nicolas Mayeur, dessen Darstellung auf Gesprächen mit den alten Gefährten des Königs beruhte, die er während seines von 1762 bis 1767 dauernden Aufenthalts in Tamatave führte, der damaligen Hauptstadt des Betsimisaraka-Königreiches.[30] Diese Erzählung bietet zwar eine stark verklärende Darstellung von Ratsimilahos Leben, ist aber recht ausführlich, detailliert und verständlich geschrieben und wurde zur Grundlage der meistverbreiteten Lehrbuch-Version der madagassischen Geschichte für diese Epoche. Doch dieser Standardbericht ist nur unter großen Schwierigkeiten mit zeitgenössischen Berichten wie Downings Werk in Einklang zu bringen.

Selbst die Begleitumstände, die Mayeur zu seinen eigenen Recherchen veranlassten, bieten Aufschluss über das chaotische Durcheinander maßloser imperialistischer Ansprüche, die für diese Region charakteristisch sind – was ein Jahrhundert später immer noch gilt. Mayeur war ein französischer Sklavenhändler und Abenteurer, der auf Madagaskar aufgewachsen war und fließend Malagasy sprach. Zu der Zeit, als er seine Nachforschungen über Ratsimilaho anstellte, arbeitete er als Spion für einen Mann, der sich Maurice Augustus Graf von Benjowski nannte und der, nachdem er aus einem Gefängnis in Sibirien entkommen war, König Ludwig XV. davon überzeugte, ihn zum Leiter eines Unternehmens zur Eroberung von Madagaskar zu ernennen. Benjowski machte ein unweit von Rantabe gelegenes Dorf (das er in »Louisville«

umbenannte) in der Bucht von Antongil zu seinem Stützpunkt und begann – zur Unterstützung seines Eroberungszugs – mit der Anforderung von Versorgungsgütern und Nachschub aus Frankreich. Diese Tätigkeit dokumentierte er mit regelmäßigen, an den französischen Hof gerichteten Schreiben. Im September 1774 berichtete er beispielsweise, er hätte mit einer Streitmacht von nur 160 aktiven Soldaten ein Königreich eingenommen, das 32 Provinzen und fast das ganze Gebiet der Insel umfasste, und zu Tributzahlungen von fast vier Millionen Francs veranlasst.[31]

Diese Berichte waren selbstverständlich reine Fantasieprodukte. In Wirklichkeit deuten die Belege, die uns vorliegen, darauf hin, dass Benjowski kein polnischer Graf, sondern ein ungarischer Hochstapler war, der die aus Frankreich geschickten Versorgungsgüter dazu benutzte, die Dorfbewohner der Umgebung dafür zu entlohnen, dass sie sein Posieren als König unterstützten, und dann brachte er den größten Teil seiner Zeit damit zu, sich in der Welt herumzutreiben und als König von Madagaskar auszugeben. (Er war 1777 in Paris beispielsweise ein häufiger Partner Benjamin Franklins beim Schachspiel; 1779 hielt er sich in Amerika auf und machte dort das Angebot, sein Königreich in den Dienst der Revolution zu stellen.)

Das Problem bestand darin, dass die französischen Behörden Benjowski, der praktisch keine Ahnung vom tatsächlichen Geschehen auf Madagaskar hatte, häufig misstrauten. Mindestens eine Untersuchungskommission wurde entsandt, allerdings scheint der »Graf« seinen Einfluss für die Unterdrückung der Ergebnisse genutzt zu haben. Dann begann Benjowski, der seine Berichte realistischer aussehen lassen wollte, den aktiven Sklavenhändler Mayeur dafür zu bezahlen, dass dieser detaillierte Berichte über die politischen Verhältnisse auf der ganzen Insel verfasste.[32] Mayeur nahm den Auftrag an, und zahlreiche Berichte über seine Reisen sind erhalten geblieben und liefern wertvolle historische Einblicke in die damaligen Lebensumstände.

Die ersten realistischen ethnografischen Berichte, die wir über Madagaskar besitzen, sind also in Wirklichkeit von einem Spion verfasste Aufzeichnungen, die einem Hochstapler zu besser gefälschten Darstellungen seiner nicht vorhandenen Großtaten verhelfen sollten. Mayeur arbeitete zwar für Benjowski, ließ sich aber von der Geschichte der Entstehung des Betsimisaraka-Bündnisses und der Heldengestalt Ratsimilaho faszinieren und scheint alle überlebenden Augenzeugen der Kriege der Jahre 1712 bis 1720 befragt zu haben, die er noch auftreiben konnte, unter anderem auch einige der frühen engen Gefährten des Königs.

Mayeur, der seinen Ruhestand später dann auf Réunion verbrachte, ließ sich um das Jahr 1806 von einem einheimischen Büchernarren namens Froberville dazu bewegen, die Ergebnisse seiner Nachforschungen in Form eines handgeschriebenen Buches festzuhalten. Es trägt den Titel *Histoire de Ratsimila-hoe Roi de Foule-pointe et des Bé-tsi-miçaracs* und dokumentiert Ratsimilahos Lebensgeschichte auf 120 sehr großen handgeschriebenen Seiten (die auch noch mit Frobervilles eigenen gelehrten Fußnoten gespickt sind).

Das Manuskript ist bis heute unveröffentlicht; die meisten Wissenschaftler verließen sich, zuletzt rund 100 Jahre lang, auf Zusammenfassungen.[33] Mayeurs Version der Ereignisse ist dennoch kanonisiert worden. Ratsimilahos Vater Tom versuchte nach Mayeurs Darstellung zunächst, seinen Sohn zur Ausbildung nach England zu schicken, aber der Junge verfiel schnell dem Heimweh und verlangte, nach Hause zurückgebracht zu werden; dann stellte der Vater ihm einen Bestand von Musketen, Pulver und Munition zur Verfügung und überließ es ihm selbst, damit sein Glück zu machen. Das Gebiet rund um Foulepointe stand damals unter der Herrschaft des erwähnten Ramangano, eines Tyrannen, Oberhaupt des Tsikoa-Bündnisses, das sein Machtzentrum im Süden der Insel hatte. Ratsimilaho schürte einen Aufstand, und die Einzelheiten des daraus entstandenen Krieges, der acht Jahre dauerte und Tausende Opfer – Tote und Verwundete – forderte, füllen die Mehrzahl der 24 Kapitel des Manuskripts. Im Verlauf des Konflikts gelang es Ratsimilaho – in Mayeurs glühender Darstellung vor allem aufgrund seiner eigenen, persönlichen Brillanz und seines Charismas –, ein neues politisches Gemeinwesen zu schaffen, bekannt als die Betsimisaraka (»die vielen, die man nicht trennen kann«), das nach seinem endgültigen Sieg im Jahr 1720 den gesamten Nordosten unter einer einzigen Regierung vereinte. Ratsimilaho selbst wurde im Verlauf dieser Kriegszüge zunächst zum obersten Anführer auf Zeit, später dann, mit dem Titel Ramaromanompo (»derjenige, dem viele Menschen dienen«), zum König auf Lebenszeit gewählt. Ratsimilaho vereinigte letztlich den gesamten Nordosten unter einer einzigen aufgeklärten Monarchie, heiratete eine Tochter eines Sakalava-Königs (namens Matavy, »Fett«), zeugte einen Nachfolger (namens Zanahary, »Gott«) und starb 1750 nach einer langen und erfolgreichen Herrschaft im Alter von 56 Jahren.

Ratsimilaho sollte sich als die einzige Persönlichkeit in diesem Spiegelsaal erweisen, die ein echter König war. Darüber hinaus gelang es den Zana-Malata-Gefährten des Königs im Verlauf seiner Herrschaft, sich zumindest für einen Folgezeitraum von einem Jahrhundert als eigenständig definierte, untereinander heiratende Aristokratie zu etablieren. In der zweiten Hälfte des 18. Jahrhunderts zerstritten sie sich jedoch, manipuliert von französischen Sklavenhändlern, die von den Plantagen-Inseln Mauritius und Réunion aus operierten; Ratsimilahos Nachfolger (Zanahary, 1750–1767; Iavy, 1767–1791; Zakavola, 1791–1803) erwiesen sich als den Anforderungen ihres Amtes nicht gewachsen, und das Königreich zerfiel.

Die Historiker stimmen in der Bewertung überein, dass Ratsimilahos Projekt letztlich scheiterte. Nach der Einschätzung einiger von ihnen lag das daran, dass Ratsimilaho ihm keine angemessene rituelle Grundlage verlieh, die zu einer voll entwickelten madagassischen Dynastie wie den Sakalava führen konnte; andere vertreten die Ansicht, der Druck der Nachfrage nach Sklaven durch die neu entstehende Plantagenwirtschaft auf Mauritius und Réunion – in die Zeit der Piraten fielen gerade deren Anfänge – sei letztlich überwältigend gewesen.[34] Es dauerte nicht lange, bis korrupte Anführer sich Kriegsgründe ausdachten oder sogar ihre eigenen Dörfer angriffen, um Gefangene zu machen, mit denen sie ihre Schulden bei französischen Sklavenhändlern abbezahlen konnten.

Das Königreich zerfiel letztlich in ein chaotisches Durcheinander von Gemeinschaften, die sich gegenseitig bekriegten und daher 1817 von den Armeen des Merina-Königs Radama I.[35] leicht zu erobern waren. Tamatave wurde zur zweitgrößten Stadt des Merina-Reiches und zum Tor zur Hauptstadt, was bis heute so geblieben ist. Der Rest des Betsimisaraka-Landes nahm schon bald das Erscheinungsbild der Kolonialzeit an, mit Gebieten, die von Plantagen im Besitz von Ausländern beherrscht wurden, die Gewürznelken, Vanille und Kaffee für den Weltmarkt produzierten, und dem ländlichen Hinterland, dessen Bewohner für ihre Widersetzlichkeit gegen jede Art von zentralisierter Herrschaft bekannt waren.

All dies gehört zum Standardwissen in madagassischen Geschichtsbüchern. In den meisten Büchern dieser Art ist den Piraten ein Kapitel gewidmet und ihren Kindern dann ein weiteres. Dabei geht man davon aus, dass die Fackel zu dem Zeitpunkt, als der Krieg zwischen Ratsimilaho und Ramangano beginnt, bereits an eine neue Generation weitergegeben worden ist. Aber schon beim Blick auf eine einfache Zeitleiste der Ereignisse (vergleiche hierzu den Anhang) wird deutlich, dass diese herkömmliche Sichtweise unmöglich zutreffen kann.

Zum einen gilt: Wenn der Krieg, der zur Bildung des Betsimisaraka-Bündnisses führte, tatsächlich, wie Mayeur behauptet und Historiker in seiner Nachfolge akzeptiert haben, von 1712 bis 1720 dauerte, wären die Piratensiedlungen in Sainte Marie und Ambonavola in diesem Zeitraum immer noch aktiv gewesen. Und zweitens ist es nur schwer vorstellbar, wie man den Kindern der Piraten bei der Gründung des Bündnisses im Jahr 1712 eine größere Rolle zuschreiben könnte. Von Ratsimilaho heißt es zwar, er sei zu diesem Zeitpunkt bereits 18 Jahre alt gewesen, aber er war offensichtlich eine Ausnahmeerscheinung. Keiner der anderen Malata konnte damals älter als 21 Jahre, die überwiegende Mehrzahl von ihnen muss sogar noch im Kindesalter gewesen sein und in den Piratensiedlungen bei den Eltern gelebt haben. Und in Mayeurs Darstellung spielen die Malata beim Ablauf der Ereignisse so gut wie keine Rolle.

Wir haben es dann also mit politischen Institutionen zu tun, die von madagassischen Akteuren geschaffen wurden, die in engem Kontakt mit aktiven Piraten lebten. »Die Weißen« tauchen in Mayeurs Bericht niemals als Individuen auf, sondern verbleiben bestenfalls als schattenhafte Gestalten am Rand des Geschehens. In Wirklichkeit waren sie jedoch so gut wie sicher zumindest indirekt in die Ereignisse verwickelt.

Zeitgenössische ausländische Beobachter wiesen Ratsimilaho zu guter Letzt ein seltsames Durcheinander unterschiedlicher Rollen zu. Man sagt über ihn, er habe seine Befreiungskriege im Jahr 1712 begonnen. Doch niederländische Händler berichten 1715, mitten im Krieg, über eine gleichnamige Person (»Tom Tsimilaho«) im Amt des ersten Ministers des Sakalava-Königs Toakafo in Boina – des »Großen Dick« aus Plantains Geschichte. Ein Jahr später ist er ein lokales Oberhaupt in Antongil und kommt dort irgendwelchen schiffbrüchigen Europäern aus Réunion zu Hilfe; aber für das Jahr 1722 haben wir zwei Versionen, Le Gentil de la Galaisière, der ihn als König des gesamten Nordostens bezeichnet, und Clement Downing, der ihn als schlichten Kommandeur der Streitmacht eines selbsterklärten Piraten-Souveräns in Rantabe vorstellt.[36] Einige französische Beobachter gewinnen elf Jahre später den Eindruck, er sei in jener Region nur ein lokales Oberhaupt unter vielen. Andere halten prompt dagegen, er sei tatsächlich der König der gesamten Ostküste.

Einige dieser Beobachter waren zweifellos schlicht desorientiert; und es ist offensichtlich, dass zumindest in einigen Fällen ihre madagassischen und europäischen Informanten sich die größte Mühe gaben, sie in diesem Zustand zu halten. Ein Beispiel dafür gibt 1733 Charpentier de Cossigny, ein Ingenieur in Diensten der französischen Ostindien-Kompanie, der bei einem Auftrag, der ihn in die Bucht von Antongil führte, dort einem gewissen »König Baldridge« begegnete, vermutlich also einem Sohn des berühmten Piratenkönigs von Sainte Marie. Baldridge behauptete, es gebe zwei weitere Könige in der Region, nämlich »Thame Tsimalau« und einen ansonsten unbekannten De La Ray. Cossigny schrieb, Ratsimilaho scheine, im Unterschied zum aufgeschlossenen Baldridge, eine schwierige und unangenehme Persönlichkeit zu sein.

Was soll man aus all dem schließen? Beherrschte Ratsimilaho tatsächlich nur einen Teil dieses bestimmten Territoriums? Oder spielte Baldridge sich einfach nur auf, und Ratsimilaho reagierte irritiert auf dessen Ansprüche? (Und war »Baldridge« *wirklich* ein Nachkomme von Adam Baldridge? Oder log er auch in dieser Hinsicht?)

Es lässt sich nur schwer irgendetwas mit Gewissheit sagen, aber wir haben es zumindest mit einer vollkommen anderen Vorstellung von Souveränität zu tun, als sie im größten Teil Eurasiens zur damaligen Zeit üblich war. Einem Provinzstatthalter mit solchen Allüren hätte man etwa unter der Herrschaft von Heinrich VIII. (1491–1547) oder Suleiman dem Prächtigen (1494–1566) den Kopf sehr schnell vor die Füße gelegt. Ein Grund für die schwankenden gesellschaftlichen Verhältnisse war, so vermute ich, dass keines dieser Königreiche eine stabile gesellschaftliche Basis hatte, und das bedeutet: eine Basis, die über die Einberufung von ein paar Hundert, in Notsituationen vielleicht auch von ein paar Tausend Kriegern hinausging. Es sieht ganz danach aus, dass die meisten madagassischen »Könige« jener Epoche in einer Art von räuberischer Blase lebten, in der es nicht an Prachtentfaltung mangelte, dafür aber an jeder Möglichkeit, systematisch in das Alltagsleben jener Menschen einzugreifen, die sie zu ihren Untertanen erklärten; eine Ausnahme waren die Sakalava-Könige im Westen, welche die Landschaft in ihrem Umfeld umgestalteten, indem sie Wälder rodeten, Ackerland in Weideland für ihre riesigen Viehherden umwandelten und damit die gesellschaftlichen Beziehungen zwischen ihren Untertanen von Grund auf neu ordneten.

In der Welt gab es natürlich über einen langen Zeitraum hinweg eine Vielzahl kleiner Banditen-Könige, die großartige Machtansprüche erhoben, wobei die besondere Situation im Nordosten Madagaskars im 17. und 18. Jahrhundert dafür sorgte, dass sie dort ungewöhnlich leichtes Spiel hatten. Das Vorhandensein riesiger Mengen an Piratenbeute verschaffte solchen Männern die Möglichkeit, alle äußerlichen Insignien eines Königshofes zur Schau zu stellen – das Gold und die Juwelen, die Harems, die einstudierten Tanzvorführungen –, auch wenn es an jeglichen Mitteln fehlte, außerhalb der eigenen Heimatorte menschliche Arbeitskraft in größerem Umfang für die eigenen Zwecke zu mobilisieren. Merina- oder Sakalava-Könige konnten beispielsweise in ihren Herrschaftsbereichen Vertreter aller Familienverbände verpflichten, beim Bau ihrer Häuser oder Grabmale mitzuhelfen oder an königlichen Ritualen teilzunehmen. Es gibt keinerlei Gründe für die Annahme, dass Baldridge oder North oder Plantain oder Benjowski oder sogar Ratsimilaho irgendetwas in dieser Art verlangen konnten – oder dass einer von ihnen so etwas tatsächlich anstrebte. Es gibt ganz sicher keinen Beleg dafür, dass Ratsimilaho einem Gemeinwesen vorstand, das auch nur im entferntesten den Verhältnissen glich, die wir als Staat betrachten würden – auch auf dem Höhepunkt seiner Macht nicht.

Es besteht jedoch ein grundsätzlicher Unterschied zwischen Ratsimilahos Fall und allen anderen. Der Aufstieg des Betsimisaraka-Bündnisses betraf die ganze Gesellschaft auf eine tiefgreifende Weise. Das geschah nur auf eine nahezu genau gegenteilige Art, als man es von der Errichtung eines Königreichs erwartet hätte. Als die Piraten gegen Ende des 17. Jahrhunderts nach Madagaskar kamen, trafen sie auf eine Gesellschaft, die von ständigen inneren Kriegen gezeichnet war und von einer Kaste beherrscht wurde, die stark priesterliche Züge hatte, ebenso wie von einer sich herausbildenden Krieger-Elite, die bereits mit der Entwicklung eines Systems hierarchischer Rangstufen beschäftigt war. Diese Gesellschaft wies gemeinschaftliche Elemente auf, ließ sich aber in keinerlei Hinsicht als egalitär beschreiben. Die Gesellschaft unter Ratsimilahos Führung scheint dagegen unter vielen Gesichtspunkten egalitärer gewesen zu sein als alles, was vorher gewesen war.

Die Ankunft der Piraten löste eine Folge von Entwicklungen aus – zunächst einmal die Stärkung madagassischer Frauen in wirtschaftlichen Angelegenheiten, anschließend eine politische Reaktion darauf vonseiten junger Männer –, für die Ratsimilaho stand und die letztlich die Betsimisaraka-Gesellschaft in der bis heute bestehenden Form schuf. Lassen Sie uns jetzt darüber nachdenken, wie sich die Geschehnisse darstellten, wenn man sie vom madagassischen Standpunkt aus betrachtete.

ZWEITER TEIL

DIE ANKUNFT DER PIRATEN AUS MADAGASSISCHER SICHT

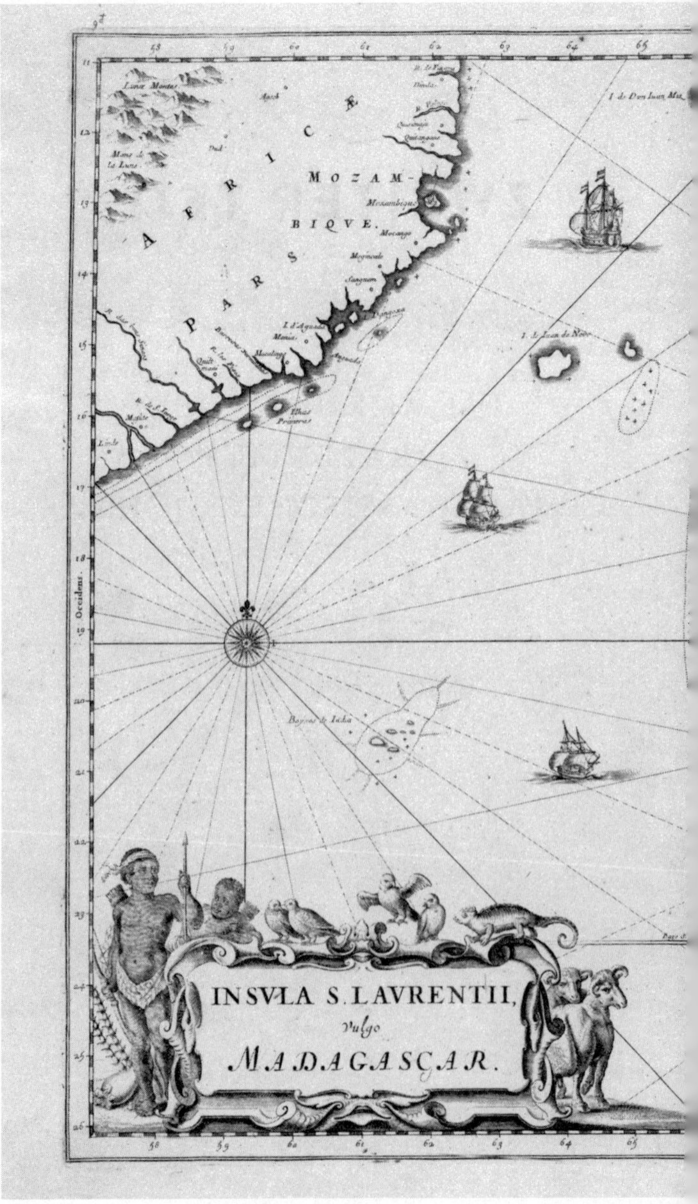

Diese Karte aus dem maßgebenden Werk über Afrika (1668) von Olfert Dapper zeigt die Küste von Mozambique und Madagaskar,

einem der wichtigsten Rückzugsorte der Piraten am Ende des 17. bis zur ersten Hälfte des 18. Jahrhunderts.

EINE SEXUELLE REVOLUTION GEGEN DIE KINDER ABRAHAMS?

Eine Zauberin, die auf einer der Inseln
des indischen Archipels lebt, rettet
einem Piraten das Leben, einem Mann
von wilder, aber edler Natur.

Aus Mary Shelleys Notizen zu den unvollendeten Schreibprojekten ihres verstorbenen Ehemannes.

Während die Piraten Madagaskar als Stützpunkt für Überfälle nutzten, die sie bis ins Rote Meer und ostwärts über den Indischen Ozean mindestens bis nach Malakka führten, waren Menschen zuvor jahrhundertelang in die entgegengesetzte Richtung gezogen. Die mittelalterliche Geschichte besonders der Ostküste Madagaskars scheint vom periodischen Auftreten immer neuer Wellen von Einwanderern meist muslimischer Herkunft geprägt worden zu sein, die sich anschließend als rituelle, Händler- oder politische Aristokratien etablierten, oft auch in allen drei Bereichen gleichzeitig.

Im Südosten gründeten beispielsweise die Zafi-Raminia, die wohl aus Java oder Sumatra gekommen waren, ihre Macht teilweise auf Kenntnisse in der Handhabung eines astrologischen Systems, das seinen Ursprung im arabischen Mondkalender hat, und errichteten ein Monopol für die

Schlachtung von Vieh. Beides sicherte ihnen die Aufsicht über sämtliche bedeutenden rituellen Ereignisse und brachte ihnen die Vorherrschaft über den sich entwickelnden Viehhandel zur Versorgung der Handelsschiffe, die spätestens seit dem 16. Jahrhundert in Madagaskar Halt machten, um Proviant aufzunehmen. Paul Ottino hat, zuweilen überzeugend, die Ansicht vertreten, die Raminia seien ursprünglich an der Mystik orientierte schiitische Flüchtlinge gewesen.[1] Von ihrem gleichnamigen Vorfahren erzählte man sich, er sei von Gott aus dem Meeresschaum erschaffen und mit Fatima, der Schwester des Propheten, verheiratet worden. Ihre manierierten kosmologischen Behauptungen wurden von den ersten portugiesischen Beobachtern als so eigenwillig empfunden, dass sie zögerten, diese Menschen überhaupt als Muslime zu bezeichnen. Dieselben Portugiesen registrierten in den Jahren von 1509 bis 1513 die Ankunft einer neuen Welle ostafrikanischer Sunniten, die in diese Region kamen und das rivalisierende Königreich Antemoro gründeten, das sich zum Ziel setzte, die Zafi-Raminia als Ketzer zu vernichten. Im Lauf der Zeit gelang es den Antemoro, sich als die bedeutendsten Intellektuellen und Astrologen Madagaskars zu etablieren, die ihr Wissen in Büchern mit einer *Sorabe* genannten arabischen Schrift festhielten. Die Raminia wiederum verteilten sich über die Insel und wurden schließlich zu den Vorfahren einer Reihe von Dynastien im Süden, deren wichtigste die Zafimbolamena waren, die Gründer der Sakalava-Königreiche von Boina und Menabe.[2]

Über diese Migrationsbewegungen ist endlos diskutiert und debattiert worden. Weniger Beachtung findet dagegen die Tatsache, dass es regelmäßig Konflikte zwischen den patriarchalischen Empfindlichkeiten der verschiedenen Neuankömmlinge und den relativ lockeren sexuellen Sitten und Gebräuchen ihrer madagassischen Untertanen und Nachbarn gegeben zu haben scheint. Die Antemoro-Geschichtsschreiber tadeln zum Beispiel die Einheimischen, die ihre Abstammungslinien über die Frauen herleiteten.[3] Ein Teil der Strategie der Antemoro zur Auslöschung der Zafi-Raminia bestand darin, dass sie erwachsene Männer töteten und gefangene Frauen festhielten und isolierten; so wollten sie sicherstellen, dass diese Kinder zur Welt brachten, deren religiöse Erziehung im Sinn der Antemoro gesichert war.[4] Die Antemoro waren noch im 19. Jahrhundert berühmt dafür, dass sie an der vorehelichen Jungfräulichkeit festhielten, und das auch umgeben von einer Mehrheitsbevölkerung, für die die sexuelle Freizügigkeit von Heranwachsenden beider Geschlechter eine unterhinterfragte Selbstverständlichkeit war. Eine unverheiratete junge Frau, die schwanger wurde und nicht beweisen konnte, dass der Vater des Kindes ein Muslim von erwünschter Herkunft war, wurde gesteinigt oder ertränkt.[5] Junge Männer konnten dagegen tun, was sie wollten. Angesichts der lokalen Tradition waren es genau diese sexuellen Einschränkungen, die die Menschen aufbrachten und noch im 19. Jahrhundert zur unmittelbaren Ursache für einen Aufstand wurden, der dem Königreich ein Ende bereitete.

Paul Ottino widmete einen großen Teil seiner Arbeit dem Versuch, die Ursprünge der madagassischen Mythen und Legenden in verschiedenen Strängen der arabischen, persischen, indischen und afrikanischen Philosophie nachzuweisen.[6] Es ist oft nicht einfach, sich ein genaues Urteil zu seinen Argumenten zu bilden, aber eine Sache ist klar: Häufige Besucher aus anderen Ländern am Indischen Ozean und der periodische Zustrom neuer Migranten sorgten dafür, dass die Insel vom Rest der Welt keineswegs isoliert war, und das galt ebenso für das geistige Leben. Zugleich gingen die verschiedenen Abstammungslinien fremder Eindringlinge letztlich – bei ganz wenigen Ausnahmen – in das umfassendere kulturelle Netz Madagaskars ein, sie wurden absorbiert. Neuankömmlinge hatten innerhalb weniger Generationen ihre Herkunftssprachen und auffälligsten kulturellen Merkmale abgelegt (die Antemoro beispielsweise waren bereits im 17. Jahrhundert nicht mehr mit dem Koran vertraut) und stattdessen eine eigene Variante aus einigermaßen standardisierten panmadagassischen Sitten und Gebräuchen entwickelt, die von der Redekunst über den Reisanbau bis zu Beschneidungs- und Begräbnisritualen reichte.

Die madagassischen Frauen spielten bei all diesen Dingen eine zentrale Rolle, weil die große Mehrheit der Einwanderer – wenn nicht sogar alle – Männer waren. Man kann die Versuche verschiedener Einwanderer-Eliten beobachten, die Frauen absondern und kontrollieren wollten, ganz besonders deren Sexualität, ebenso wie die Bestrebungen, ihre eigene kulturelle Besonderheit und auf diese Weise auch so lange wie möglich einen Elitestatus zu bewahren. (Alle scheiterten letztlich, weil sie mittlerweile als unabhängige Gruppen verschwunden sind.)

Gab es im Nordosten der Insel eine ähnliche Dynamik? Das traf zu, aber mit einem besonderen »Dreh«. Die zwar einheimische, aber fremde Aristokratie in dem Teil, der später zum Betsimisaraka-Gebiet werden sollte, nahm keine muslimische, sondern eine jüdische Herkunft für sich in Anspruch.

Hier folgt jetzt, was Étienne Flacourt (1607–1660), der Gouverneur der zum Untergang bestimmten französischen Kolonie in Fort Dauphin, in seiner 1661 erschienenen *Histoire de la Grande Isle de Madagascar* über diese Menschen zu sagen hatte:

> »Diejenigen, die meiner Ansicht nach als Erste gekommen sind, sind die Zafi Ibrahim oder diejenigen aus der Ahnenreihe Abrahams, die auf der Insel Sainte Marie und in den benachbarten Gebieten leben, und das vor allem, weil sie zwar den Brauch der Beschneidung haben, aber keine Spur des Mohammedanertums zeigen, mit Mohammed oder den Kalifen nicht vertraut sind und deren Anhänger für Ungläubige und gesetzlose Menschen halten; sie nehmen keine gemeinsamen Mahlzeiten mit ihnen ein und schließen auch keine Bündnisse mit ihnen. Sie feiern und lassen die Arbeit am Samstag ruhen, nicht am Freitag wie die Mauren, und tragen keine Namen, die deren Namen ähnlich sind. Das lässt mich annehmen, dass ihre Vorfahren während der frühesten Wanderungen der Juden auf diese Insel kamen oder dass sie von den ältesten Familien der Ismaeliten aus der Zeit vor der babylonischen Gefangenschaft oder von denjenigen unter ihnen abstammen, die beim Exodus der Kinder Israels in Ägypten blieben: Sie haben die Namen von Moses, von Isaak, von Jakob und von Noah beibehalten. Einige von ihnen sind vielleicht von den Küsten Äthiopiens gekommen.«[7]

An anderer Stelle fügt er noch hinzu, dass die Zafy Ibrahim (Nachkommen Abrahams) die Küstenlinie von Antongil bis nach Tamatave beherrschten und ein Monopol für Tieropfer besaßen, das demjenigen der Zafi-Raminia glich; zudem lebten, so Flacourt, auf Sainte Marie selbst fünf- oder sechshundert von ihnen in zwölf Dörfern, alle unter einem Oberhaupt namens »Raignasse oder Raniassa, dem Sohn von Rasimonon«, dem ein Zehntel ihres Fischfangs und ihres Ernteertrags zustand.[8]

Zahlreiche Wissenschaftler haben über die Herkunft und Identität der Zafy Ibrahim spekuliert (die auch als die Zafi-Hibrahim, Zafi-Boraha oder Zafi-Borahy bezeichnet werden – nach der Insel, die heutzutage im Madagassischen Nosy Boraha heißt). Grandidier war der Ansicht, dass sie tatsächlich jemenitische Juden seien; Ferrand hielt sie für Charidschiten, für Ottino kamen die Karmaten infrage, vielleicht auch koptische oder nestorianische Christen, und Allibert hat in jüngerer Zeit darüber spekuliert, dass sie auch Nachkommen vorislamischer Araber gewesen sein könnten, die einige Zeit lang in Äthiopien lebten, bevor sie weiter nach Süden zogen.[9] Alles ist möglich. Die meisten Wissenschaftler, die sich gegen eine Einstufung der Zafy Ibrahim als Juden wenden, gehen davon aus, dass Flacourts Darstellung unser einziger Hinweis dieser Art ist und dass der Gouverneur schlicht verwirrt gewesen sei. Das scheint jedoch nicht zuzutreffen. Ein englischer Missionar berichtete noch im letzten Drittel des 19. Jahrhunderts über eine Begegnung mit Abgesandten der Zafy Ibrahim weiter im Süden, die betont hätten, dass »wir allesamt Juden sind«.[10] Ich sehe keinen Grund dafür, die Angaben seiner Informanten zu dieser Frage abzulehnen.

In der Kolonialzeit war das Siedlungsgebiet der Zafy Ibrahim auf Sainte Marie beschränkt (die Insel wird auf Malagasy heute noch Nosy Boraha oder Abrahams Insel genannt), und sie sahen sich selbst inzwischen vornehmlich als Araber;[11] diejenigen von ihnen, die auf der Hauptinsel lebten, waren mittlerweile längst in der größeren Bevölkerungsgruppe der

Betsimisaraka aufgegangen. Zu Flacourts Zeit scheint ihre Rolle und Bedeutung der der Zafi-Raminia im Süden sehr ähnlich gewesen zu sein. Damals lebten sie in weit verstreuten Gemeinschaften auf der Hauptinsel, hatten ein Monopol für die Viehschlachtung (bei der sie ein dieser Tätigkeit vorbehaltenes, als *mivorika* bekanntes Gebet vortrugen, obwohl Flacourt schreibt, dass sie ihrem Gott keinen anderen Kult widmeten)[12] und waren außerdem als Händler tätig, wie die Tatsache, dass sie in Sainte Marie vertreten waren, einer vielbesuchten Zwischenstation für fremde Händler, stark unterstreicht.

Es spricht also einiges dafür, dass die Zafy Ibrahim bei den Betsimisaraka, in deren Gemeinschaften sie anschließend aufgingen, ihre Spuren hinterließen. Die Betsimisaraka sind unter allen Volksgruppen Madagaskars nicht nur für ihren Egalitarismus und ihren Widerstand gegen jede Art von zentralisierter Macht bekannt, sondern auch für ihre Neigung zur philosophischen und kosmologischen Spekulation.[13] Diese Spekulation neigt zu einem konsequent dualistischen Charakter und unterscheidet sich in ihrem Tonfall oft deutlich von dem, was in anderen Teilen Madagaskars anzutreffen ist. In den Mythen der Betsimisaraka gibt es eine konstante Betonung der Erschaffung des Universums und insbesondere der Menschheit, die von zwei einander entgegengesetzten Mächten ausgeht: von einem Gott des Oben und einem Gott des Unten. Kosmogonische Geschichten schildern, wie der Gott der Erde Menschen- und Tiergestalten schuf, aus Holz oder aus Lehm, aber nicht imstande war, sie zum Leben zu erwecken; der Himmelsgott haucht ihnen das Leben ein, kehrt aber letztlich zurück, um es wieder zu nehmen: meist wegen irgendeines gebrochenen Versprechens oder wegen einer unbeglichenen Schuld; daher »tötet uns Gott«, wie es oft formuliert wird, und unsere Körper kehren in die Erde zurück.[14] Dieser Dualismus wiederum scheint frühe europäische Besucher dazu inspiriert zu haben, die Madagassen im Nordosten der Insel mit Manichäern zu vergleichen.[15] Die Belege aus den Berichten früher Reisender legen den Gedanken nahe, dass diese Haltung einst sehr viel weiter verbreitet war, wenn die madagassischen Informanten erklären, dass sie zwar die Existenz eines fernen hohen Gottes anerkennen, der ihnen letztlich das Leben schenkt und auch wieder nimmt, sie ihm aber keinen Kult widmeten, sondern sich mit ihren Gebeten und Opfern an irdische Mächte wendeten, die für ihre näherliegenden Unglücksfälle verantwortlich seien – und die von europäischen Beobachtern unweigerlich mit »dem Teufel« in Verbindung gebracht wurden.

Solche Berichte inspirierten Paul Ottino zu der Feststellung, die Zafy Ibrahim könnten Gnostiker gewesen sein, möglicherweise karmatischer oder ismaelitischer Herkunft.[16] Das scheint allerdings unwahrscheinlich zu sein, selbst wenn ein – wie auch immer gearteter – gnostischer Einfluss nicht ausgeschlossen ist.

Als gesichert gilt, dass die Zafy Ibrahim auf dem Höhepunkt ihrer Macht – wie die muslimischen Gemeinschaften, die es an der Nordostküste ebenfalls gab – für ihre besitzergreifende Eifersucht im Umgang mit ihren Ehefrauen und Töchtern bekannt waren. Charles Dellon (1649–ca. 1710), der 1685 eine Beschreibung der Region veröffentlichte, betonte, dass in Antongil und Fénérive (»Galamboule«) die Einwanderer aus dem Mittleren Osten in dieser Hinsicht besonders auffällig gewesen seien:

»Bey etlichen Völckern ist in Madagascar / so viel die Ehe betrifft / keine Ordnung. Sie heyrathen einander / ohne daß sie etwas versprechen solten; lauffen auch alsobald / wenn es ihnen gefället / wieder von einander; Doch hat es in denen Gegenden von Galamboule und Antongil ganz eine andere Beschaffenheit. Daselbst nimmet man die Weiber besser in acht / und lässet sie nicht so gemein seyn / und wenn eine oder die andere auf einer Untreu solte ertappet werden / so stehet die Todes-Straffe darauff.«[17]

An anderer Stelle schildert Dellon dieselben Menschen als der Religion weitgehend entfremdete Muslime, deren Glaube sich mittlerweile auf den Verzicht auf Schweinefleisch und die Tatsache beschränkt, dass »das Manns-Volck [...] so eyfersüchtig wegen ihrer Weiber [ist] / daß sie auch rasend darüber werden«, weshalb diejenigen, »so sich hier einiger Freyheit heraus nehmen / mit der Todes-Straffe« belegt werden.[18] Eine andere Quelle berichtet von wütenden Ansammlungen von Männern aus Dörfern der Insel Sainte Marie, die niederländische Seeleute wegen Flirts mit einheimischen Frauen angriffen.[19] Und Flacourt bestätigt, dass die Ehefrauen und Töchter der Zafy Ibrahim, ganz anders als bei anderen Bevölkerungsgruppen auf Madagaskar, »so schwer zugänglich« seien »wie unsere eigenen Töchter Frankreichs, da ihre Väter und Mütter sie äußerst sorgsam bewachten«.[20]

All dies war, wie auch im Fall der Antemoro, zweifellos Teil einer Strategie für die gesellschaftliche Reproduktion, einer Methode zur Wahrung des Status der Bevölkerungsgruppe als eine Gruppe von »eingebürgerten Außenseitern« – *Ausländern* aus der Perspektive einfacher Madagassen, *Madagassen* aus der

Sicht tatsächlicher Ausländer. Es war eine Strategie, die nur mit einem erheblichen Ausmaß an Gewalt und Androhungen von Gewalt durchzuhalten war, wobei beides sich vor allem gegen die Frauen der eigenen Bevölkerungsgruppe richtete.

Man bekommt vielleicht eine Ahnung von dem Gefühl, das die Zafy Ibrahim hinsichtlich der Gefahr, ganz in der Bevölkerung der Umgebung aufzugehen, entwickelt haben müssen, wenn man sich einen Mythos anschaut, den sich die Menschen Ende des 19. Jahrhunderts immer noch erzählten. Es ging um ihre einstige Ankunft auf Nosy Boraha (der Insel Sainte Marie). Ihr Vorfahr Boraha, wurde da behauptet, war ein schiffbrüchiger Fischer, der mit seiner Besatzung auf einer Insel gestrandet war, die nur von Frauen bewohnt wurde. Die Einheimischen töteten Borahas Gefährten, aber eine barmherzige alte Frau verbarg Boraha tagsüber in einer großen Truhe und ließ ihn bei Dunkelheit heraus, damit er fischen konnte. Eines Abends begegnete er einem Delphin, der ihn auf seinem Rücken in Sicherheit brachte und nach Nosy Boraha führte.[21]

Alfred Grandidier stellte fest, dass all diese aus dem 17. Jahrhundert stammenden Berichte über von der übrigen Gesellschaft ferngehaltene Frauen sich auf Nachfahren von Einwanderern aus dem Nahen und Mittleren Osten bezogen – manche waren muslimischer, andere jüdischer Herkunft –, die allesamt seitdem in der Gesamtbevölkerung aufgegangen sind.[22] Er schreibt, dass solche Schilderungen etwa zu der Zeit abrupt enden, als die Piraten in den 1690er Jahren diesen Schauplatz betreten, und dass in der Folgezeit, selbst auf der Insel Sainte Marie, keinerlei Unterschied zwischen den sexuellen Bräuchen der Inselbewohner und den Sitten aller anderen madagassischen Volksgruppen mehr festzustellen war. Voreheliche Abenteuer galten schließlich, wie auch anderswo auf Madagaskar, als normaler Bestandteil des Heranwachsens, außerehelicher Sex war allenfalls ein geringfügiges Vergehen, aber »rasende« Eifersucht vonseiten des Ehemannes oder der Ehefrau wurde als schwerwiegender moralischer Makel empfunden.

Wie kam es zu dieser Entwicklung?

Auf eine längere Entwicklung bezogen musste das eindeutig mit der Verdrängung der Zafy Ibrahim aus ihrer früheren Rolle als bevorzugte Kaste eingebürgerter Ausländer und ihrer Ersetzung zunächst durch die Piraten und anschließend durch die Malata zu tun haben. Nachdem den Zafy Ibrahim keine bedeutenden Privilegien mehr geblieben waren, die es zu verteidigen galt, hatten sie auch keinen Grund mehr, sich so konsequent den moralischen Standards ihrer Nachbarn zu widersetzen; sobald sie sich ohne Einschränkungen mit ihnen vermischten, lösten sie sich als klar definierte Bevölkerungsgruppe weitgehend auf.

Es bleibt aber immer noch die Frage, warum die Piraten – die schließlich aus Herkunftsländern stammten, deren sexuelle Sitten denjenigen der Antemoro oder der früheren Zafy Ibrahim sehr viel näher waren als dem Umgang unter anderen madagassischen Bevölkerungsgruppen (John Plantain war bereit, den Möchtegern-Liebhaber seiner Frau auf der Stelle zu erschießen) – in dieser Hinsicht den Vorzug erhielten?

Die mutmaßliche Antwort lautete, dass die Piraten, sobald sie sich endlich niedergelassen hatten, in keiner guten Ausgangsposition für eigene Klagen und Beschwerden waren. Sie mochten zwar enorme Mengen an Geld und Wertsachen besessen haben, aber zugleich mangelte es ihnen fast vollständig an gesellschaftlichem oder wirtschaftlichem Kapital: Sie hatten keine Verbündeten, auf die sie sich stützen konnten, abgesehen von ihren unmittelbaren Gefährten, (vor allem zu Beginn) kein echtes Verständnis der Bräuche, Normen oder Erwartungen der Gesellschaft, in der sie sich gerade niederließen. Sie konnten in eine nahezu vollständige Abhängigkeit von ihren Gastgebern geraten. Mervyn Brown zeigte, dass jeder Pirat, der sich als zu brutal erwies oder gar drohte, seine Ehefrau wegen einer anderen Frau zu verlassen, schnell beseitigt werden konnte, indem man ihm Gift ins Abendessen mischte; und in einem solchen Fall ging sämtliches noch verbliebenes Beutegut in den Besitz seiner Witwe und ihrer Familie über.[23]

Heraus kam dabei ein klassisches Fremder-König-Szenario (»Stranger King scenario«). In vielen, vielleicht sogar in den meisten Gesellschaften gelten Reichtümer und staunenswerte Dinge aus fernen Ländern – auch wenn sie nicht von rätselhaften Fremden überbracht werden – als Teil des Grundbestands an menschlicher Vitalität.[24] Dem liegt folgende Argumentation zugrunde: Jede gesellschaftliche Ordnung versteht, zumindest auf irgendeine stillschweigende Art, dass sie sich selbst nicht vollständig reproduzieren kann, dass bestimmte grundlegende Tatsachen, die mit Geburt, Wachstum, Tod und Kreativität zu tun haben, immer außerhalb ihres Machtbereichs liegen werden. Leben ist erklärtermaßen etwas, das von außerhalb kommt. Deshalb besteht eine starke Tendenz, diese von außen kommenden Kräfte sowohl mit außergewöhnlichen, bis dahin unbekannten Menschen als auch mit außergewöhnlichen, noch nie gesehenen Objekten gleichzusetzen, die jeweils auch von außerhalb kommen. In der madagassischen Sprache wird dies oft sehr explizit ausgedrückt, weil solche Geschöpfe im Allgemeinen als »Zanahary« oder

»Andriamanitra« bezeichnet werden, was üblicherweise mit »Gott« übersetzt wird, in Wirklichkeit ist es aber ein Oberbegriff für alles, was mächtig oder großartig, dabei unerklärlich ist.[25]

Offensichtlich gibt es keine Garantie dafür, dass irgendein besonderes fremdes Objekt eine solche Einstufung erfährt. Es könnte auch als fremdartiger Abfall bewertet, seine Träger könnten als gefährliche Barbaren angesehen werden. All dies hängt ganz und gar vom Kontext und der aktuellen politischen Situation ab. Aber wenn man nach einer Gelegenheit suchen würde, eine Kaste von herrschsüchtigen Ritualspezialisten zu ersetzen, indem man sich direkt an die Quelle begibt, wäre dies die naheliegende Art zur Lösung des Problems.

Ich behaupte deshalb: Auch wenn die Frauen der Betsimisaraka und ihre männlichen Verwandten sich nicht, wie die Antemoro, erhoben, um die dominante Kaste der eingebürgerten Außenseiter zu stürzen, hatte ihre bereitwillige Aufnahme der Piraten so ziemlich dieselbe Wirkung. Die Zafy Ibrahim verschwinden von der Bildfläche. Frauen werden von früheren sexuellen Einschränkungen befreit – und sexuelle Einschränkungen sind natürlich unweigerlich das Mittel zur Überwachung aller übrigen Aspekte des Verhaltens von Frauen.

Die Revolution wurde durch mythische Mittel bewirkt. Marshall Sahlins hat dokumentiert, wie auf Fidschi der Häuptling, der Fremde König, symbolisch verheiratet und dann von den Töchtern des Landes »symbolisch vergiftet« wird.[26] Im madagassischen Fall scheint dies oft tatsächlich geschehen zu sein.

FRAUEN ALS POLITISCHE SYMBOLE

Die Belege, über die wir verfügen, scheinen auf den ersten Blick diese Deutung nicht zu stützen. Hier folgt beispielsweise Adam Baldridges eigener, eher lakonisch ausgefallener Bericht über seinen ersten Aufenthalt auf Sainte Marie, der einer späteren Aussage, die er in New York machte, entnommen ist. Das Schiff, das ihn im April 1691 nach Sainte Marie brachte, setzte ihn mit einigen anderen Männern an Land; alle seine Gefährten, mit Ausnahme eines jungen Lehrlings, erlagen schon bald tropischen Fiebern. Baldridge und sein Lehrling schlossen sich augenblicklich als Freiwillige ihren neuen Nachbarn an, die einen Überfall auf Nachbarn auf der Hauptinsel planten:

> »[…] Ich hielt mich an die Neger auf Saint Maries und zog mit ihnen in den Krieg. […] Im Mai 91 kehrte ich aus dem Krieg zurück und brachte 70 Stück Vieh und einige Sklaven mit. Dann ließ ich ein Haus bauen und ließ mich auf St. Maries nieder, wo eine große Menge von Negern von der Insel Madagaskar zu mir kam, um sich ebenfalls auf der Insel St. Maries anzusiedeln, wo ich friedlich mit ihnen zusammenlebte. Ich half ihnen beim Freikauf ihrer Frauen und Kinder, die vor meiner Ankunft auf St. Maries von anderen Negern an einen Ort weggebracht worden waren, der etwa 60 Leagues nördlich von uns lag.«[27]

Hier bleibt zunächst einmal unklar, wer gegen wen kämpfte, aber Baldridge scheint nicht in die Gruppe der Zafy Ibrahim, sondern in einen Clan von Flüchtlingen aus Antongil eingeheiratet zu haben, der großen, weiter nördlich gelegenen Bucht.[28] Henry Watson, der ein paar Wochen auf Sainte Marie verbracht hatte, sagte einige Jahre später aus, dass dort »zwei alte Piraten« lebten, Baldridge und ein gewisser Lawrence Johnston, die vorbeikommende Marodeure mit Proviant und Munition versorgten »und dabei vorgeben, auf Madagaskar Negersklaven zu kaufen«:

> »Diese beiden Männer sind mit einheimischen Frauen verheiratet, und viele der anderen sind auf Madagaskar verheiratet. Sie haben auf St. Mary's eine Art Festung mit sieben oder acht Kanonen. Ihre Absicht bei der Heirat mit einheimischen Frauen ist, sich bei den Bewohnern des Landes einzuschmeicheln, mit denen sie in den Krieg gegen andere kleine Könige ziehen. Wenn ein Engländer mit dem Fürsten, bei dem er lebt, in den Krieg zieht, erhält er für seinen Einsatz die Hälfte der Sklaven, die dabei gefangen genommen werden.«[29]

Die Rede vom »Fürsten, bei dem er lebt«, scheint hier wichtig zu sein. Es sieht ganz danach aus, als hätten Piratensiedler in vielen dieser frühen Fälle die Töchter einflussreicher Männer geheiratet und sich bei deren Familien auch niedergelassen, entweder im Hafenort Sainte Marie selbst oder auf der Hauptinsel. Vor allem während der ersten sechs oder sieben Jahre, als die Piraten immer noch unter dem Druck standen, die Sklavenmärkte von New York und Mauritius zu beliefern, zogen sie eindeutige Vorteile aus diesen ungelösten Konflikten – wenn auch nur, das muss man zugestehen, mit wechselndem Erfolg –, indem sie in den Besitz von Gefangenen kamen, die sie an ausländische Händler verkaufen konnten.

Wer also waren dann diese örtlichen »Könige« und »Fürsten«, von denen in Berichten von Ausländern ständig die Rede ist? Robert Cabanes verfasste eine sorgfältige Studie zu allen existierenden Berichten von Reisenden über den Nordosten in den zwei Jahrhunderten vor dem Aufstieg des Betsimisaraka-Bündnisses; hiermit gelang ihm eine plausible Rekonstruktion des gesellschaftlichen Lebens in diesem Landesteil.[30]

Die überwältigende Mehrheit der Bevölkerung im heutigen Betsimisaraka-Gebiet lebte damals – und das gilt immer noch – in den verschiedenen Flusstälern an der Küste, die zu den fruchtbarsten Gebieten der ganzen Insel gehören. Sie waren in etwa 50 weitgehend endogam heiratende Clans aufgeteilt, die sogenannten *tariky*, die um die 600 bis 1600 Menschen zählten, die jeweils auf ihrem eigenen Territorium lebten. Die wichtigste Feldfrucht war der Reis, der meist auf wechselnden Waldbrachen angebaut wurde, die durch Brandrodung gewonnen und regelmäßig neu aufgeteilt wurden. Intensiveren Anbau gab es auf Feldern in den Marschlandschaften, die meist den *filoha* (»Oberhäuptern«) von Lineages – einlinigen Abstammungsgruppen – zugeteilt wurden. In jedem Dorf gab es einen Großen Saal, in dem das Mittagessen gemeinsam eingenommen wurde, und gemeinschaftlich verwaltete Getreidespeicher, in denen jede Familie die eigenen Vorräte verwahrte, aber auch einen gemeinschaftlichen Lagerbestand, auf den jede Familie in einer Not- und Mangelsituation zurückgreifen konnte. Aus diesem Grund schrieb Flacourt, unter den Madagassen gebe es weder Reiche noch Arme.

Dabei war diese Gesellschaft keineswegs egalitär. Alle ihre

Mitglieder hatten zwar Zugang zu den Mitteln für den Lebensunterhalt, aber der Zugang zu den Mitteln für deren Erzeugung war keineswegs gleich. Die Dorfältesten hatten mehrere Frauen, und in jedem Clan gab es eine dominante Lineage, der ein *filohabe* (»großes Oberhaupt«) vorstand und die darauf achtete, einen großen Teil der eigenen Töchter im Familienverbund zu behalten (entweder durch endogame Heirat oder dadurch, dass Ehemänner für diese Töchter, die aus anderen Lineages kamen, in die eigenen Reihen aufgenommen wurden).

Dennoch waren auch diese dominanten Lineages in gewisser Hinsicht instabile Gruppen, immer vom Auseinanderfallen bedroht. Ihnen untergeordnete Lineages, die durch ihre Töchter an die dominante Lineage Anschluss gefunden hatten, zeigten eine Neigung zu Unzufriedenheit, Abspaltung und zur Gründung eines eigenen Clans.[31] Und das war auch nicht schwierig. Land war niemals knapp. Das größte politische Problem für einen *filohabe* war deshalb, eine solche Entwicklung zu verhindern, und das erforderte die ständige Manipulation der einen Schlüsselressource, die *tatsächlich* knapp war: Vieh. Die Waldgebiete des Küstenlandes im Osten mochten fruchtbar und dünn besiedelt gewesen sein, aber sie waren keine besonders günstige Landschaft für die Viehzucht; dabei war das Nutzvieh absolut unentbehrlich, zuallererst für die Lösung von Konflikten (alle Streitigkeiten wurden durch Strafen aufgelöst, und alle Strafen bestanden aus Ochsen), zweitens für die Veranstaltung gemeinschaftlicher Opferfeste, durch die Ahnen hervorgebracht wurden (was sie heute noch tun)[32] und Reichtum und Macht eines jeden bestehenden Clans im Umgang mit den anderen zur Schau gestellt werden.

Europäische Beobachter bezeichneten die *filohabe* oft als »Könige« und wiesen darauf hin, dass diese oft gegeneinander Krieg führten. Die Bezeichnung ist einerseits nicht völlig unverständlich. Die *filohabe* lebten, umgeben von Ehefrauen und Dienern, gern in prachtvollen Häusern, in denen oft kein Mangel an chinesischem Porzellan und Glaswaren aus dem Nahen Osten bestand. Doch Cabanes' Einschätzung lautet, die Art der Kriegführung habe dafür gesorgt, dass niemand die eigene Stellung zu einer lokalen, geschweige denn zu einer regionalen Vormachtstellung ausbauen konnte. Jeder Clan, der einen zu großen Viehbestand ansammelte, sah das eigene Dorf unweigerlich nächtlichen Überfällen benachbarter *filoha* ausgesetzt, deren Ziel entweder Viehdiebstahl oder die Entführung von Gefangenen (meist von Frauen oder Kindern) war, die dann gegen die Überlassung von Vieh ausgelöst werden konnten. Die arrangierten, sorgfältig geplanten Gefechte zwischen den Armeen zweier *filohabe* eskalierten manchmal, eine Entwicklung, die nach dem Tod eines oder zweier Kombattanten erneut durch umfangreiche Verhandlungen über den Austausch von Gefangenen und die Umverteilung des Viehbestands beendet wurde. Es konnten nicht immer alle Gefangenen freigekauft werden, so dass manche von ihnen mitunter als Sklaven im Haus irgendeines *filoha* ausharren mussten, bis ihre Familien die Mittel zu ihrer Auslösung aufbringen konnten. Aber selbst diese Praxis führte eigentlich nicht zu dauerhaften Ungleichheiten, weil, wie Flacourt festhielt, die nicht freigekauften Gefangenen letztlich in die dominanten Lineages aufgenommen wurden und dort einheirateten.[33]

Cabanes vertritt die Ansicht, der Krieg sei so zu einem »Mittel der gesellschaftlichen Reproduktion« für das Lineage-

System geworden. Der Begriff ist etwas irreführend, weil er nicht die Ansicht vertritt, der Krieg sei für die Clans *notwendig* gewesen, um Mittel für die Heirat, Fortpflanzung oder die Erschaffung von Ahnen beizubringen, sondern eher nahelegt – wie Pierre Clastres das für Amazonien festgestellt hat –, die Kriegführung hätte dafür gesorgt, dass die Gruppen klein blieben und die Anführer nicht die Machtmittel für die Ausübung von starkem Zwang auf sich vereinigen konnten.[34] In der Tat wurde anscheinend selbst den mächtigsten *filohabe* nicht zugestanden, Personen, die nicht zu ihrem eigenen Haushalt gehörten, Anweisungen zu geben. Die einzige Ausnahme bildete hier die unmittelbare Kriegführung. Entscheidungen über Fragen, die für die gesamte Gemeinschaft von Belang waren, wurden in einem anspruchsvollen Prozess der Konsensfindung bei Versammlungen herbeigeführt, die als *kabary* bezeichnet wurden. Dabei kamen Dörfer, Clans oder, bei Fragen von noch größerer Tragweite (etwa bei einer drohenden Invasion einer ausländischen Macht oder der Sichtung eines europäischen Schiffs vor der Küste), die Bewohner einer ganzen Region zusammen. Mayeur schreibt hierzu:

> »Dann gibt es noch die großen *kabary* von Provinzen und Völkern. Die Anführer erscheinen hierzu mit Speer und Schild und ihrer vollständigen militärischen Ausrüstung. Die Erinnerung an die Titel und die Fähigkeiten dieser Anführer, an ihre Zahl und die Zahl ihrer Anhänger, die ihre Neugier zu diesen feierlichen Versammlungen führte und zum Sprechen veranlasste, bleibt den Bewohnern für immer im Gedächtnis und erlangt in ihren Traditionen eine epochale Bedeutung. Diese Formen von *kabary* werden an Orten abgehalten, an denen sich eine

> große Zahl von Menschen versammeln kann, üblicherweise an zentralen Orten in den Provinzen und in der Nähe der größten Dörfer. […]
> Die Versammlungen fanden meist spontan statt. Auf die Nachricht von einem bestimmten Ereignis hin bildete sich eine kleine *kabary* und gab anschließend das Wort an alle Münder weiter. Daraufhin kamen alle, die ihre Neugier antrieb, aus ihren Dörfern herbei, suchten nach dem Zentrum des Austauschs und kamen dorthin, und die *kabary* fand statt, als sie sich von allen bedeutenden Menschen des Landes umgeben sahen. Lebensmittel wurden herbeigeschafft, weil niemand den Zeitpunkt kannte, zu dem sie an ihren Wohnort zurückkehren würden.[35]

Die Beratungen konnten mehrere Tage dauern. Wenn die Situation es erforderte, wurde vielleicht sogar ein Kriegshäuptling gewählt, der die Streitmacht eines zeitlich befristeten Bündnisses von Clans anführen und die Lage bereinigen sollte. Man muss sich das so vorstellen, dass Versammlungen dieser Art zustande kamen, um den Vieh- und Reishandel mit den portugiesischen und niederländischen Schiffen zu koordinieren, die ab dem 16. Jahrhundert an den Küsten Madagaskars auftauchten, und die Entscheidung zu treffen, die verschiedenen militärischen Stützpunkte zu zerstören, die diese Seefahrer bei unterschiedlichen Gelegenheiten aufzubauen versuchten. Eine große *kabary* dieser Art muss 1697 zusammengerufen worden sein, um die koordinierten Angriffe auf die Piraten zu beschließen.

Cabanes' Essay gilt in der wissenschaftlichen Literatur über Madagaskar als ein bedeutender Meilenstein und als Vorbild für eine theoretisch fundierte Analyse. Und das ist auch berechtigt. Allerdings überzeichnet er eindeutig den Egalitarismus der von ihm beschriebenen Gesellschaft. Zunächst einmal ignoriert er die Rolle der Zafy Ibrahim und der anderen mit der Ausführung von Ritualen betrauten Spezialisten vollständig (wie wir noch sehen werden, gab es in diesem Gebiet auch noch einige Astrologen und Zauberer unter den Zafi-Raminia und den Antemoro). Wenn Vieh zum »Medium der Kommunikation« – wie Cabanes es ausdrückt – zwischen den Lineages wurde, dann war mit Sicherheit von Bedeutung, dass es nur von Angehörigen einer darauf spezialisierten Kaste geopfert werden durfte. Zweitens gibt es Belege dafür – Mayeurs Text zum Beispiel macht das überaus deutlich –, dass die verschiedenen *filoha, filohabe* und ihre aus Kriegern bestehende Begleitung sich selbst als Verkörperung einer Art von Aristokratie sahen. Im Ratsimilaho-Manuskript werden sie immer wieder als *mpanjaka*, »Könige«, bezeichnet, und die mündlichen Überlieferungen neigen zur Bestätigung dieser Ausdrucksweise, weil sie nahezu einheitlich die Geschichte dieser frühen Epoche als die Taten von »Königen« erzählen.[36] Und während es in der Tat unter den Clans keine Rangfolge gab, verhielt sich das bei den *mpanjaka* anders: So hören wir beispielsweise einmal, dass Ratsimilaho als seine Kuriere »junge Männer aus der Familie von Mpanjaka der ersten, zweiten und dritten Klasse« auswählte, und es wird gelegentlich festgehalten, dass Ratsimilahos eigene Mutter nur die Tochter eines *mpanjaka* des zweiten Adelsrangs sei.[37] Wir kennen die genaue Grundlage dieses Systems von Rangstufen nicht, aber selbst wenn diese drei Kategorien nur Kriegskommandeure, Clan-Oberhäupter und Dorfälteste bezeichnen, zeigt uns ihr Vorhandensein, dass Spaltungen innerhalb eines Clans ihren

Ausdruck in einer Art von abgestufter Aristokratie finden konnten, die außerhalb des Clans anerkannt wurde.

Was für heutige Zwecke besonders wichtig ist: Cabanes betont schließlich, eher auf den Spuren von Clastres, wie der Krieg die Herrschaft der Männer über andere Männer eher unterlief, während er gleichzeitig ihre Herrschaft über die Frauen stärkte. Frauen treten nur als Symbole für den Austausch oder den anzuhäufenden Reichtum in Erscheinung. Es scheint zwar nur geringe Anstrengungen zur Kontrolle der weiblichen Sexualität gegeben zu haben, aber ein großer Teil dieses Apparats war, direkt oder indirekt, mit der Kontrolle ihrer Fruchtbarkeit befasst. Frauen wurden entführt, freigekauft, mit dominanten Lineages verbunden, aber sie treten nur selten einmal als im eigenen Interesse selbständig handelnde Personen auf.

Zudem bestanden die ersten Impulse dieser verschiedenen *mpanjaka,* wenn sie mit den Piraten zu tun hatten, darin, die Frauen und Mädchen ihrer Lineage als eine Art Tauschmittel anzubieten – zunächst vermutlich als eine Methode, einen Vorteil gegenüber den Zafy Ibrahim zu erlangen. Wir kehren jetzt noch einmal zu Downings Bericht zurück, weil er uns die erste Beschreibung dieser Praxis geliefert hat. Downing und seine Besatzung ankerten am 18. April 1722 vor Sainte Marie, es war eine Station im Rahmen ihres Auftrags, noch verbliebene Piratennester aufzuspüren und zu vernichten. Sie fanden das alte Fort in Trümmern liegend vor, und der größte Teil der Piraten hatte Sainte Marie verlassen und sich auf die Hauptinsel abgesetzt. Der örtliche »König« – der zu den Zafy Ibrahim gehörte, wenn auch nicht offensichtlich, da diese Gruppe zu diesem Zeitpunkt anscheinend schon weitgehend vertrieben worden war[38] – begrüßte die Gäste begeistert:

»Wie wir dicht unter dem Land vor Anker gelegt hatten, kam der König und der Prinz den 19. [April 1722] um den Mittag auf unser Schif, wobey der erste dem Capitain seine zwo Töchter anbot, die er bey sich hatte, denn so war ers bey den See-Räubern gewohnt, für dergleichen Leut er uns auch ansah. Der Capitain zwar bedankte sich für diß freundliche Anbieten, aber einige von unsern Officiren nahmen das Frauenzimmer zu sich, welches Geschenk sie theuer bezahlen musten; Denn der eine starb an der Plag, die ihm angehängt wurde, und der andere muste es auch theuer genug büssen. Hierauf nöthigte der König den Capitain und seine Lieutnants an den Strand, wie sie aber ans Land traten, schwuhr er ihnen, daß sie seine Freunde seyn, und sie auch ihm kein Leid thun sollen. Zur Bestättigung dieses Eyds nöthigte er ihnen auch ein Glaß Süß-Wasser mit Schieß-Pulver vermengt ein, als ein Zeichen des Freundschaft Trinkens; welche Ceremonie die Inwohner von den Seer-Räubern gelernt.«[39]

Dieser Text ist in vielerlei Hinsicht aufschlussreich, aber der entscheidende Punkt ist hier, dass das Angebot der Landestöchter, wenn wir das so bezeichnen dürfen, seinen Ursprung als Teil einer Freundschaftszeremonie zwischen einheimischen *mpanjaka* und Piraten, die hier Station machten, zu haben scheint und dass diese Praxis schon bald zu einem regelmäßigen Merkmal bei der Begrüßung fremder Händler und anderer Besucher wurde. Zwei Dinge, auf die fast alle ausländischen Beobachter in solchen Fällen eingingen, waren die hochgestellte Herkunft der angebotenen Frauen und ihre Jugend.[40] Als der französische Reisende Leguével de Lacombe

1823 im Küstenort Andevoranto eintraf, begrüßte ihn am ersten Morgen eine Gruppe junger Tänzerinnen, die ihm eine Vorstellung boten, bei der »sie sich mir oft näherten, ohne in ihren Bewegungen und Gesten innezuhalten, die in keinerlei Hinsicht mehrdeutig waren«. Als ihm mitgeteilt wurde, dass es unhöflich wäre, aus dieser Gruppe keine Sexualpartnerin auszuwählen, zeigte er auf diejenige unter den jungen Frauen, die er für die Älteste hielt, eine der beiden Töchter des örtlichen *filoha,* die er auf nicht älter als 16 Jahre schätzte, und seine Wahl wurde von den Eltern mit einem lauten Freudenschrei begrüßt.[41] Auch diese Episode endete letztlich mit einem Eid der Blutsbrüderschaft zwischen den Ausländern und (in diesem Fall: einem Mitglied) der Familie der jungen Frau.

Warum kamen junge Töchter des *mpanjaka* ins Spiel? Vermutlich, weil das sicherstellte, dass der Besucher, sollte die geschlossene Verbindung sich als dauerhaft erweisen, direkt in den Haushalt des *mpanjaka* aufgenommen würde. Eine erwachsene Frau würde im eigenen Haus wohnen, oder von ihrem Ehemann würde erwartet, dass er ihr eines zur Verfügung stellte. Teenager lebten dagegen immer noch bei ihren Eltern. Dominante Lineages waren, wie bereits gezeigt, immer bestrebt, neue Personen an sich zu binden, indem man sie mit den eigenen Töchtern verheiratete und dafür sorgte, dass die Wohnung bei der Familie der Braut genommen wurde. Wenn dies nun im Umgang mit den Piraten zur gängigen Praxis wurde, würde das Henry Watsons Bemerkung über das Zusammenleben mit den Fürsten und die Tatsache erklären, warum sie so rasch in wechselseitige Überfälle verwickelt wurden, deren Ziel es war, Gefangene zu machen und freizukaufen.

*

Doch damit ist eindeutig noch nicht das ganze Geschehen erfasst. Wären die Piraten einfach auf diese Art in die bestehende Lineage-Struktur eingegliedert worden – als gemietete Schützen und Lieferanten exotischer Luxusgüter –, wären auch ihre Kinder in die Abstammungslinie ihres Oberhaupts aufgenommen worden, und es hätte keine bedeutenden Veränderungen gegeben. Mit Sicherheit hätte es niemals einen Aufstieg der Malata oder des Königreichs der Betsimisaraka gegeben.

Was also spielte sich sonst noch ab?

Zeitgenössische Quellen bieten uns hierzu nur äußerst lückenhafte Informationen. Aber es gibt Hinweise darauf, dass sich rund um die europäischen Enklaven rasch lokale Märkte entwickelten, die schon bald von Frauen dominiert wurden, während die »Könige und Fürsten« scheinbar den Reis- und Viehmarkt kontrollierten. Baldridges eigene Aussage legt diese Schlussfolgerung nahe. Sofern er selbst Vieh aus seinen eigenen Herden an die Besatzungen von Schiffen verkaufte, die in Sainte Marie Halt machten, finden sich in seinen Berichten ab 1692 Sätze dieser Art: »Ich lieferte ihnen Vieh für ihren gegenwärtigen Verbrauch, und die Neger lieferten Geflügel, Reis und Yams.«[42] Er gibt keinerlei Hinweis, wer diese Händler waren, aber viele, vielleicht sogar die meisten von ihnen scheinen Frauen gewesen zu sein.[43] Die bloße Anzahl der Piraten – auf dem Höhepunkt ihrer Präsenz sollen es mindestens 800 von ihnen gewesen sein, die sich über den gesamten Nordosten verteilten – scheint gesellschaftliche Möglichkeiten eröffnet zu haben, die es zuvor noch nie gegeben hatte und die viele der wagemutigeren jungen Frauen in der Region schnell zu nutzen wussten.

HÄNDLERINNEN UND ZAUBERSPRÜCHE

»Eines Tages machten sich vier Schwestern auf den Weg, um ihr Glück zu suchen …«

Anfang einer madagassischen Volkssage[44]

Zeitgenössische mündliche Überlieferungen der Betsimisaraka scheinen über die Piraten so gut wie nichts Mitteilenswertes zu sagen zu haben. Einem Bericht, der ihre Ankunft aus madagassischer Sicht schildert, am nächsten kommt ein Text, der eindeutig aus einer lokalen mündlichen Überlieferung abgeleitet ist, die vorgibt, die Herkunft Ratsimilahos zu kennen. Dieser Text befindet sich im Musée Lampy, dem örtlichen historischen Museum in Fénérive-Est. Die Namen und Datumsangaben sind bis zur Unkenntlichkeit durcheinandergebracht, aber der Text ist dennoch wichtig:[45]

»Zu jener Zeit lebte eine Frau namens Vavitiana. Vavitiana war vom Stamm der Sakalava. Ihr Ziel war es, sich nach einem Ehemann umzusehen. Sie hatte eine Freundin namens Matavy. Die beiden jungen Frauen gingen jeden Tag ans Meer hinunter, um nach Seeleuten Ausschau zu halten. Ihr zweites Ziel war, die Mittel zu beschaffen, die man brauchte, um Handel zu treiben. Diese beiden Dinge beschäftigten Vavitiana und Matavy. In früheren Zeiten war das Leben ohne einen Ehemann schwierig; die Gesellschaft beachtete ledige Frauen nicht; also suchten sie nach Mitteln und Wegen, Männer anzulocken. Sie arbeiteten mit Liebeszaubern, den ›ody fitia‹.

> Solche Zauber galten als wirksam. So wurden Vavitiana und ihre Freundin gerettet.
> Diese beiden Freundinnen lebten nicht am gleichen Ort: Vavitiana war hier, in dieser Region, und Matavy lebte in der Sakalava-Region. Matavy und ihr Ehemann hatten nach einigen Jahren ein Kind, das den Namen Itsimilaho erhielt. Als er erwachsen war, wurde er mit einer anderen Frau verheiratet, mit Rahena, und aus Itsimilaho wurde Ratsimilaho. Ratsimilaho wanderte 1774 nach Vohimasina aus, weil er von König Ralahaiky besiegt worden war.«

Während madagassische Frauen in europäischen Berichten als sexuelle »Geschenkgaben« dienen, die Männern von anderen Männern präsentiert werden, sind es hier die Frauen selbst, die die Initiative ergreifen. Die Malata kamen in die Welt, weil madagassische Frauen sich nach ausländischen Männern umsahen, die sie heiraten konnten, und nicht, weil ausländische Piraten sich an der Küste niederließen und sich einheimische Frauen nahmen; die Madagassinnen waren gewillt, wirkungsvolle *fanafody* – Medizin – einzusetzen, um die Männer für sich zu gewinnen. Solcherlei Medizin war, wie wir noch sehen werden, auf Madagaskar schon seit langem berühmt, und das nicht nur für ihre Eigenschaft, Gefühle des Begehrens und der Zuneigung zu erzeugen, sondern auch als Mittel, mit dem man andere Menschen vollständig dem eigenen Willen unterwerfen konnte. Nahezu jede Art von Zauber, die darauf abzielt, das Denken und Verhalten anderer Menschen zu kontrollieren, wird als »Liebeszauber« eingestuft.[46]

Der Text macht auch deutlich, dass die Motive der Frauen nicht primär romantischer Natur waren. Sie strebten weniger nach Liebe als nach Respekt (eine Frau ohne Ehemann wird »nicht beachtet«), und daraus folgt das Ziel, als Händlerinnen zu arbeiten. Wenn die Frauen dann täglich zum Strand gingen, um nach Seeleuten Ausschau zu halten, taten sie das vermutlich zuallererst, weil sie exotischen Außenseitern, besonders wenn diese aus fernen Weltgegenden wie Europa oder Arabien kamen, automatisch einen hohen Status zuschrieben (und zeitgenössische Quellen halten oft fest, dass dies zutraf), aber zweitens auch, weil Seeleute – und ganz besonders Piraten – mit einiger Wahrscheinlichkeit erhebliche Mengen von Handelswaren mit sich führten. Solche Frauen suchten nach Möglichkeiten, als gesellschaftlich handelnde Personen in eigener Sache aufzutreten und nicht nur Schachfiguren in irgendeinem Spiel der Männer zu sein.

Betsimisaraka-Frauen sind bis zum heutigen Tag für ihre Neigung bekannt, mit ausländischen Männern Beziehungen anzuknüpfen, die als Grundlage für wirtschaftliche Vorhaben dienen können. Heutzutage ist diese Neigung mit einer Sichtweise verbunden, wonach Männer, launisch und unbeständig, wie sie nun einmal sind, zum Umgang mit Geld nicht so richtig befähigt sind; sie sollten ihr Einkommen deshalb unverzüglich ihren Frauen übergeben, damit sie es nicht für sinnlose Genüsse vergeuden können. Jennifer Cole beschreibt beispielsweise mehrere Männer im heutigen Tamatave, »die in erfolgreichen und beständigen Ehen lebten [und] mir stolz berichteten, dass sie noch kein einziges Mal ein Hemd für sich selbst gekauft hätten, als Beweis dafür, wie vollkommen sie ihren Frauen bei der Verwaltung ihres Geldes vertrauten«.[47] Cole vertritt die Ansicht, dies sei auf Idealvorstellungen zu gutbürgerlicher Haushaltsführung zurückzuführen, die noch aus der Kolonialzeit stammten.

Dies trifft zweifellos teilweise zu, aber es gibt auch noch eine sehr viel weiter zurückreichende Tradition von Betsimisaraka-Frauen, die auf Märkten den Ton angeben und wirtschaftliche Bündnisse mit wohlhabenden Männern eingehen, damit diese als ihre Handelsbevollmächtigten auftreten können. Solche Frauen bezeichnete man als *vadimbazaha* (»Ehefrauen der Ausländer«), und sie behielten das bei, was zumindest bis zum 19. Jahrhundert zu einer Variante von mehr oder weniger formalisierten häuslichen Arrangements mit europäischen Männern geworden war, die mal befristet und mal auf Dauerhaftigkeit angelegt waren.[48] Die meisten dieser *vadimbazaha* beherrschten zwei oder drei Sprachen (weil das Englische als Handelssprache an der Küste vom Französischen verdrängt wurde), manche konnten auch lesen und schreiben; viele waren zu diesem Zeitpunkt selbst von gemischter Herkunft. Manche konnten auf eine lange Abfolge von Vazaha-Ehemännern und eine Reihe von Kindern aus unterschiedlichen Verbindungen verweisen.

Diese Frauen waren fast ausnahmslos auch erfolgreiche, selbständig agierende Händlerinnen. Küstenorte im Betsimisaraka-Gebiet konnten zur damaligen Zeit, wie Dominique Bois feststellt, mit gutem Recht als »Städte von Frauen« bezeichnet werden; diese Orte waren im 18. Jahrhundert typischerweise immer noch ziemlich klein und bestanden aus einem von Palisaden eingehegten Raum, in dem vielleicht 20 bis 50 »große Häuser« standen, deren größte von *vadimbazaha,* ihrem (häufig abwesenden) Ehemann und verschiedenen Verwandten und Dienern bewohnt wurden. Solche Frauen bildeten im echten Wortsinn das Rückgrat derartiger Gemeinschaften, und ohne sie konnte keine bedeutsame Entscheidung getroffen werden.

Die Piraten fanden deshalb mit den tatkräftigen madagassischen Frauen eine Lösung für ihr grundlegendes Problem: für die Verwertung großer Mengen illegal erworbenen Reichtums auf eine Art, die ein sicheres und bequemes Leben garantierte. Dazu mussten sie die Verfügungsgewalt nur an ehrgeizige Händlerinnen übergeben. Ausländische Männer sollten in der Tat jahrhundertelang auf die absolute Hingabe solcher *vadimbazaha* an die wirtschaftlichen und politischen Interessen ihrer Liebhaber verweisen. Manche von ihnen schwärmten überschwänglich:

> »Man sagt, dass die madagassische Frau eine wahre Freundin ist, die deinen Interessen nicht weniger verpflichtet ist als ihren eigenen. Sie handelt immer nur mit dir und für dich. Und zwischen dir und den Madagassen ist sie eine feste und dauerhafte Verbindung, die nur der Tod oder deine Geringschätzung zerbrechen kann und in der du gutes Einvernehmen, Sicherheit und Schutz finden wirst. Mit solchen Führerinnen kann man sich in völliger Sicherheit unter den Betsimisaraka bewegen.«[49]

Nur die Bemerkung »oder deine Geringschätzung« verweist darauf, dass dies keine bloße Angelegenheit patriarchalischer Unterwerfung ist. Die Loyalität beruhte auf Gegenseitigkeit. Und was konnte man in einem Fall von Geringschätzung dann erwarten? Unsere Quellen bleiben hier vage, aber wir verfügen über einen Hinweis in bestimmten Merina-Texten aus dem 19. Jahrhundert, die möglicherweise aus den 1870er Jahren stammen und Formen von Zauberkunst beschreiben, praktiziert von Betsimisaraka-Frauen, die Liebesbeziehungen zu Händlern aus dem Hochland unterhielten. Solche Frauen waren bekannt für furchtbare Racheakte, wenn ihre Partner sie betrogen:

> »*Fehitratra,* das ist eine Form der Hexerei, die von den Ehefrauen von Händlern ausgeübt wird; ein Händler wird sich an der Küste eine Geliebte nehmen, um so zu Reichtum zu kommen: ›Du verkaufst die Sachen hier, und ich bringe die Waren zur Hauptstadt hinauf und von dort hierher.‹ Aber sobald er zu Reichtum gekommen ist, betrügt er die Frau; er denkt nicht an ihre geheimen Kräfte, die ihn töten könnten. Also hintergeht er sie und macht sich mit ihrem gemeinsamen Eigentum davon. Aber die Frau weiß, wie sie ihn mit *fehitratra* vernichten kann; sie tötet ihn halb, sie belegt den Mann mit einem Zauberspruch, der ihn halb tot machen wird: Vom Solarplexus abwärts ist er gefühllos; er hat kein Bewusstsein mehr dafür, wenn er Wasser lässt oder seine Gedärme entleert, ob das im Bett oder auf dem Fußboden seines Hauses geschieht; er ist außerdem impotent. Er ist von seiner Ehefrau von der Küste verhext worden, aber die Krankheit macht sich erst bemerkbar, wenn der Händler ins Hochland zurückkehrt, aber dann schreitet sie fort, bis sie ihn tötet. Dies ist ein Zauberbann, den das Volk an der Küste beherrscht, die Betsimisaraka.«[50]

Ein derart schreckliches Schicksal droht, wenn ein Mann das Vertrauen seiner Partnerin vollständig missbraucht. Sollte ein Händler seine Partnerin nur verlassen, um zu seiner Familie im Hochland zurückzukehren, könnte diese sich für eine weniger demütigende Todesart entscheiden:

»*Rao-dia,* ein Zauberspruch von Betsimisaraka-Bettgefährtinnen, den Frauen, an die sich diejenigen halten, die reisen, um Handel zu treiben. Die Frau legt ein Stückchen Erde, auf das der Mann getreten ist, aufs Feuer und spricht die folgende Verwünschung aus: ›Wenn er nicht mein sein soll, soll er niemandem angehören! Möge er sterben! Und mögen seine Frau und seine Kinder nie erfahren, was ihn umgebracht hat!‹ Er kehrt in die Stadt zurück, und der von seiner Bettgefährtin ausgesprochene Zauberbann folgt ihm auf seinem Weg, und wenn er stirbt, sagen die Leute: ›Aber bei seiner Ankunft war er noch bei bester Gesundheit. Und dann, ganz plötzlich, starb er einfach!‹ Das macht dieses Geschehen zu *raodia.*«[51]

Diese verschiedenen Formen von Rache-Zauber – *fehitratra, manara mody, raodia* – existieren heute noch (jedenfalls in dem Sinn, dass die Leute immer noch betonen, dass es sie gibt), und zumindest in der Gemeinschaft, in der ich arbeitete, galten sie sämtlich als Varianten von *ody fitia,* »Liebes-Zauber«, zusammen mit einer ganzen Reihe anderer Erscheinungsformen. Dazu zählen zum Beispiel *fanainga lavitra* (ein Spruch, der einen entlaufenen Liebhaber oder eine Liebhaberin in einen Trancezustand versetzen kann, aus der sie oder er erst bei der Rückkehr zu der Person erwacht, die den Bannfluch ausgesprochen hat) oder *tsimihoa-bonga* (damit wird die geliebte Person in ihrer Beweglichkeit auf einen bestimmten Umkreis eingeschränkt), die als *ody fitia* galten, weil sie entweder gerne in romantischen Konstellationen eingesetzt oder als Methoden angesehen wurden, mit denen ein anderer Mensch dem eigenen Willen gefügig gemacht werden konnte. Beim

Liebeszauber ging es zuallererst um Macht und Herrschaft.[52] Heutzutage gelten diese Arten des Zaubers nicht mehr als typisch für eine bestimmte geografische Region. Aber die Tatsache, dass sie vor 150 Jahren als besondere Spezialität von Frauen bewertet wurden, die an der Nordostküste lebten und geschäftliche und sexuelle Beziehungen mit Ausländern eingingen, ist sicherlich bedeutsam.

All dies gibt uns nicht zuletzt ein Gefühl dafür, was in unserer ursprünglichen Geschichte hinter der Verwendung von »Liebes-Zaubersprüchen« stecken könnte, die ausländische Seeleute locken und binden sollten. Es ist kaum zu bezweifeln, dass die Piraten sehr schnell über solche Möglichkeiten Bescheid wussten. Ihre neuen Freunde und Verwandten erklärten ihnen, während sie sich bei ihren neuen madagassischen Familien einrichteten, all diese Dinge mit Sicherheit und betonten dabei (zweifellos nicht ganz und gar unaufrichtig), dass sie dabei nur ihr Bestes im Sinn hätten. Angesichts der Tatsache, dass die Piraten oft krank waren und viele von ihnen an Malaria oder an anderen Tropenkrankheiten starben, kann man sich das Netz von Gerüchten, das sie rasch umgeben haben muss, gut vorstellen.

HÄUSLICHE ANGELEGENHEITEN

Die Neigung vieler Piraten, sich mehrere Ehefrauen zu nehmen, änderte nichts an all diesen Dingen, sie machte sie bloß komplizierter. Captain Johnson schreibt zum Beispiel einmal – in einer zugestandermaßen eher fantasievollen Passage – über Piraten, die »die schönsten Negerweiber heirateten, nicht eine oder zwei, sondern so viele, wie sie Lust verspürten; so dass jeder von ihnen einen ebenso großen Seraglio besaß wie der Sultan von Konstantinopel«.[53] Andere Autoren merkten damals an, dass die Piraten von dem angenehmen Leben, das ihre Ehefrauen ihnen boten, so angetan gewesen seien, dass ihre Neigung, zur See zu fahren, immer mehr nachließ.[54] Ein späterer, im 19. Jahrhundert entstandener, aber nur in einer englischen Übersetzung erhaltener Text, der die empörte – und eindeutig stark übertrieben dargestellte – Reaktion eines Merina-Predigers in einer ländlichen Betsimisaraka-Gemeinde beschreibt, vermittelt ein Gefühl dafür, wie das polygame Leben für diejenigen Männer mit einem großen Bestand an gestohlenem Reichtum ausgesehen haben könnte:

> »Wenn die Frau nach einem Ehemann Ausschau hält, denkt sie kaum über den guten Charakter des Mannes nach, den sie akzeptiert, sondern hauptsächlich daran, wie viel Geld und Besitz er hat; gute Männer und arbeitende Menschen sind also als Ehemänner nicht beliebt, weil diese, so sagt man, von ihren Ehefrauen erwarteten, für sie zu arbeiten; also sind Diebe und sogar Räuber gefragt, weil diese Eigentum für nichts erwerben. […]
> Gut gestellte Männer haben vier, sogar bis zu zwölf Frauen. Der Grund, der sie so viele Frauen nehmen lässt, ist, so sagt man, dass die Arbeit für sie erledigt wird, doch der Ehemann hat nicht die geringste Freude oder Frieden dabei, weil diese vielen Frauen ständig mit ihm streiten. Der dortige Preis für Baumwollstoff ist ein Dollar für sechs Yards, wenn er also ein *lamba* für eine von ihnen kauft, denken alle anderen, sie sollten dasselbe haben, obwohl sie üblicherweise den *rofia*-Stoff tragen. Die

> Frauen sind ihren Ehemännern niemals treu, weshalb es ständigen Ärger gibt. Jede der verschiedenen Frauen hat ein eigenes Haus, und der Ehemann teilt seine Zeit unter ihnen auf; und selbst, wenn er sehr krank sein mag und nicht in der Lage, auch nur den Kopf zu heben, gilt: Sollte er es versäumen, einer von ihnen den angemessenen Anteil an seiner Aufmerksamkeit zu widmen, wird sie mit einem anderen weggehen. [...]
> Sie betrachten es als eine ausgemachte Sache, dass die Frau die Freiheit hat, zu anderen zu gehen, wenn ein Mann nicht zu Hause ist.«[55]

Das wiederum, erklärt der Autor, führt dann zu endlosen komplizierten Umverteilungen des Eigentums, weil Frauen, die ihren Ehemann zeitweise wegen eines anderen verlassen, als Gegenleistung dafür, dass sie einer Rückkehr zustimmen, einen Ochsen als Geschenk verlangen (viele, merkt der Autor an, sichern sich so fast die gesamte Herde, bevor sie den Ehemann endgültig verlassen); oder wenn ein Mann, der viele Ehefrauen hat, auf eine (See-)Reise geht und eine von ihnen bei einem von ihren Liebhabern einzieht, kann eine vorzeitige Rückkehr für ihn arrangiert werden, so dass der Anschein erweckt wird, er würde seine Frau in flagranti ertappen und könne deshalb eine deftige Strafe wegen Ehebruchs verlangen (die er und seine Frau sich dann teilen können, sodass jeder die Hälfte bekommt).[56]

Der Pastor bauscht die Dinge offensichtlich auf absurde Art und Weise auf. Und dennoch gilt: Wer viel Zeit in einem madagassischen Dorf verbracht hat, weiß, wie sehr die Kombination aus der weiten Verbreitung verschiedener Arten von magischem Wissen und heimlichen Liebesaffären das Leben nahezu unendlich kompliziert machen kann und wie sie zugleich eine endlos sprudelnde Quelle für kaum durchschaubaren Tratsch ist. Das Leben in solchen Gemeinschaften ist jedenfalls niemals langweilig.

Besonders unfair ist die Behauptung, das Interesse von Betsimisaraka-Frauen an einem zukünftigen Ehemann richte sich nur auf dessen Reichtum. Das traf nicht einmal in Bezug auf Ausländer zu. Dominique Bois stellt fest, selbst völlig mittellose Vazaha hätten treue und hingebungsvolle Partnerinnen finden können; das zeige, schreibt sie, dass es noch andere Werte gegeben haben muss – Prestige, Gastfreundschaft –, die beim Sich-Einlassen auf Fremde eine Rolle spielten.[57]

Dieser Aufzählung würde ich ein weiteres Element hinzufügen: Freiheit. Ich habe bereits darauf hingewiesen, dass die Piraten viel wirtschaftliches, aber so gut wie kein gesellschaftliches oder kulturelles Kapital mitbrachten. Aber aus der Perspektive einer potenziellen Partnerin hatte selbst dieser Mangel an gesellschaftlichem oder kulturellem Kapital offensichtliche Vorteile. Zunächst einmal kamen die Piraten, wie andere Fremde auch, ohne Mütter oder andere Familienmitglieder, die sich in die Entscheidungen einer Ehefrau einmischen könnten, ins Land; zweitens kamen sie so gut wie ohne bedeutsames gesellschaftliches Wissen, üblicherweise fehlte ihnen auch die Fähigkeit, eine Sprache zu sprechen, die von den meisten Menschen in ihrem Umfeld verstanden wurde. Das versetzte ihre Partnerinnen in die Rolle von Mentorinnen – nicht nur von bloßen Vermittlerinnen –, wenn auch offensichtlich nur auf eine klassische, geschlechtsspezifische Art und Weise. Da diese Partnerinnen nicht (oder nicht mehr) im Teenageralter waren und nicht mehr bei ihren Vätern wohnten, verschaffte ihnen ihre Rolle auch die Möglichkeit, die lokale Gesellschaft neu zu gestalten – und mit der Errichtung der Hafenorte, der Wandlung der Sexualmoral und der letztlich erfolgreichen Förderung ihrer Kinder durch die Piraten, die diese zu einer neuen Aristokratie machten, zeigt sich, wozu diese Frauen in der Lage waren.

Das vielleicht verblüffendste Beispiel für diese Art von wagemutiger Innovation kommt nicht aus dem Nordosten, sondern aus dem Südosten, aus dem Gebiet der alten Antemoro- und Antanosy-Königreiche und der gescheiterten französischen Kolonie Fort Dauphin. Wir erinnern uns: Diese Kolonie wurde schließlich vernichtet, als die Kolonisten ihre madagassischen Frauen verließen (oder mindestens zurückstuften), um eine Massenhochzeit mit einer großen Gruppe von Frauen veranstalten zu können, die mit einem Schiff aus Frankreich eingetroffen waren.

Die Piraten-Schaluppe *John und Rebecca,* die vor dem Aufstand auf Sainte Marie geflohen war, erlitt im Oktober 1697 in den Gewässern vor Fort Dauphin Schiffbruch, und eine Gruppe von Überlebenden suchte Schutz in den Ruinen des alten französischen Forts. Bald darauf erschien eine Abordnung aus dem benachbarten Königreich, um die Lage zu erkunden, und ein Mitglied dieser Gruppe, eine Fürstin im fortgeschrittenen Alter, erklärte, einer der Piraten – gemeint war Abraham Samuel, der Quartiermeister des Schiffes, der das Mischlingskind eines Plantagenbesitzers auf Martinique und einer Sklavin war – sei ihr seit langem vermisster Sohn. Diese Frau hatte vor vielen Jahren einen französischen Kolonisten geheiratet und ihm einen Sohn geboren, aber der Mann hatte den Sohn mitgenommen, als Fort Dauphin vor 23 Jahren evakuiert worden war. Die Frau sagte, bestimmte Muttermale würden beweisen, dass es dieser Junge sein müsse, der hier vor ihr stünde. Samuel war schlau genug, dieses Spiel mitzuspielen, vielleicht verstand er auch nicht gleich vollständig, was da vor sich ging, aber schon bald sah er sich durch die Machenschaften dieser Frau zum König von Antanosy ausgerufen. In den folgenden zehn Jahren herrschte er unter ihrer Ägide und stets in Begleitung einer Leibwache von 20 Piraten-Gefährten. Er machte das Königreich unter anderem zu einem Stützpunkt für weitere Angriffe auf Sklavenschiffe.[58]

Die Beweggründe der Fürstin für ihre Handlungsweise sind uns natürlich nicht überliefert. Aber sie sind unschwer zu erraten. Die Tanosy wurden von den Zafi-Raminia beherrscht, einer weiteren Gruppe patriarchalisch verfasster eingebürgerter Außenseiter, die Frauen nur eine deutlich eingeschränkte Autonomie zugestanden. Durch die Aufnahme eines unbedarften Außenseiters, der hinsichtlich des Erwerbs von Kenntnissen über die politischen Verhältnisse am Ort unbedingt auf sie angewiesen war, gelang der Fürstin ein Staatsstreich, der sie – allen patriarchalischen Einschränkungen zum Trotz – letztlich zur Herrscherin über das Königreich machte.

ZUM GEGENSATZ ZWISCHEN MILITÄRISCHER UND SEXUELLER MACHT

All dies verweist meiner Ansicht nach auf das Vorhandensein von mindestens zwei verschiedenen Bereichen menschlicher Aktivität im Nordosten zur damaligen Zeit: Einerseits war da eine weitgehend maskuline, von den *mpanjaka* und *filoha* dominierte Sphäre, in der Frauen, dem Nutzvieh nicht unähnlich, die Rolle verwendbarer Figuren bei heroischen Spielen zukam, und dann gab es noch eine zweite, sich entwickelnde Sphäre magischer, wirtschaftlicher und sexueller Abenteuer, in der Frauen mindestens gleichberechtigte Mitspielerinnen waren und oft auch deutlich die Oberhand hatten. Die Piraten begannen ihr Leben vor Ort unweigerlich mit dem Einstieg über die erste Sphäre. Aber im Lauf der Zeit wurden die Rollen der Frauen immer wichtiger.

Der Aufstand von 1697, bei dem die Piraten fast vollständig vernichtet wurden, steht hier vielleicht für den entscheidenden Einschnitt. Captain Johnsons Berichte geben möglicherweise ein paar Echos des Geschehens wieder, Schnipsel der tatsächlichen Ereignisse, die mit den Mutmaßungen und Erfindungen des Autors vermischt wurden. Der Bericht über das Schicksal von Averys Männern in seiner *General History* beginnt genau genug:

> »[…] bei den Eingeborenen von Madagaskar gibt es […] unzählige kleine Fürsten, die unablässig Krieg gegeneinander führen; ihre Gefangenen machen sie zu Sklaven, die sie nach Belieben entweder verkaufen oder töten. Als sich nun unsere Piraten unter ihnen niederließen, bemühten sich diese Fürsten sehr um ein Bündnis mit ihnen, und so gingen sie bisweilen das eine oder andere ein, aber auf welche Seite sie sich auch immer schlugen, sie konnten sicher sein, den Sieg davonzutragen; denn weder verfügten die Neger über Feuerwaffen, noch verstanden sie ihren Gebrauch.«[59]

Dies, erklärte der Autor, führte dazu, dass die Piraten sich die zuvor erwähnten privaten Harems zulegten. Doch schon bald brachten die willkürlichen Grausamkeiten der Piraten ihre madagassischen Nachbarn zu der Schlussfolgerung, dass diese Leute ihnen mehr schadeten als nutzten.

> »Weshalb die Neger sich miteinander verschworen, alle ihre Bedrücker in einer Nacht abzutun; und da jene jetzt getrennt lebten, hätte das Vorhaben unschwer gelingen können, wäre nicht eine Frau, das Ehe- oder Kebsweib eines von ihnen, in drei Stunden zwanzig Meilen gelaufen, um ihnen das Komplott zu entdecken.«[60]

Nach dieser Passage verliert sich die Geschichte in reinen Fantasien, aber da wir wissen, dass der Autor dazu neigte, Teile von Aussagen nicht mehr aktiver oder inhaftierter Piraten, mitgehörte Wirtshauserzählungen von Flussschiffern und Seeleuten und seine eigenen fiktionalen Rekonstruktionen durcheinanderzuwerfen, und außerdem wissen, dass es einen koordinierten Aufstand dieser Art gab und dass einige Madagassen dabei die Piraten verteidigten, könnte dies ohne weiteres eine Schilderung eines tatsächlichen Ereignisses sein.

Das Jahr 1697 brachte auf jeden Fall einen Einschnitt, ob es nun tatsächlich ein derartiges Ereignis gab oder nicht. Danach begannen vorsichtige Piraten-Siedler wie Nathaniel North und eine große Zahl madagassischer Frauen, die nach persönlicher Autonomie strebten, etwas zu schaffen, das sich von der alten, heroischen Sphäre der Schlachten und Kämpfe unterschied, in die sie sich zunächst hatten hineinziehen lassen. Diese Entwicklung als »sich herausbildende Sphäre« des Handelns und des Wertes zu bezeichnen, mag wie eine Übertreibung anmuten; andere Beobachter würden zweifellos die Ansicht vertreten, dass die Piraten einfach von der politischen Sphäre ab- und in die häusliche Sphäre hineingezogen wurden, wobei die häusliche Sphäre in Madagaskar oft ein abwechslungsreicher, abenteuerlicher und eigenständiger Ort ist. Aber meiner Ansicht nach gibt es Belege dafür – und seien sie nur indirekt –, dass viele Menschen zur damaligen Zeit das Geschehen so wahrgenommen haben.

Alles, was wir an Belegen haben, legt den Schluss nahe, dass die Zauberei – der Bereich der *fanafody* oder »Medizin« – ein besonders umstrittenes Gebiet war. Es ist zum Beispiel verblüffend, dass in Mayeurs Ratsimilaho-Manuskript wie auch allgemein in Berichten über Kriege niemals Zaubersprüche oder Beschwörungen vorkommen, obwohl andere Formen des Rituals durchaus Erwähnung finden – dabei spielt *fanafody* auf Madagaskar in der Kriegführung üblicherweise eine zentrale Rolle.

Wir wollen jetzt noch einmal zu unserem französischen Reiseautor Leguével de Lacombe zurückkehren, der bei unserer letzten Begegnung von der 16-jährigen Tochter eines *filoha* im Küstenort Andevoranto so begeistert begrüßt worden war. Auf seinen Reisen bat er einmal einen bekannten *ombiasy*, einen Astrologen und Heiler, ihm die Anfangsgründe der Künste der Astrologie, Weissagung und der Formulierung von Zaubersprüchen beizubringen.[61]

Die madagassische Astrologie beruht auf dem arabischen Mondkalender und wurde zu jener Zeit noch sehr stark mit Geheimwissen aus fernen Ländern gleichgesetzt; die berühmtesten Spezialisten waren die Antemoro und die Zafi-Raminia aus der Region von Fort Dauphin (weitgehend im kulturellen Netzwerk Madagaskars aufgegangene ostafrikanische Sunniten und schiitische Mystiker mit Vorfahren aus Sumatra, die jeweils eine arabische Herkunft für sich in Anspruch nahmen). Vor allem die erstere Gruppe hatte sich über die ganze Insel ausgebreitet und ihre Fähigkeiten dafür genutzt, sich als Wesire an Königshöfen zu etablieren. Auf dem Gebiet der Betsimisaraka scheint es ein Antemoro-Establishment gegeben zu haben, das aus der Rinde des Maulbeerbaums Papier herstellte, um Zaubersprüche darauf niederzuschreiben, außerdem eine Siedlung der Zafi-Raminia in der Nähe des Ortes Ivondro.[62] Aber es gab zudem auch noch Wahrsager und Heiler, männliche und weibliche, in den Reihen der Betsimisaraka.

Leguével de Lacombe berichtet uns nichts über die Herkunft seines Lehrers, aber er hebt hervor, dass die lokale Überlieferung zur Zauberkunst sich um zwei mythologische Gestalten zu drehen schien, um den Riesen Darafify und die Hexe Mahao. Darafify ist in der madagassischen Folklore eine vertraute Gestalt.[63] Er ist eine Art Paradigma des gütigen Kriegers, Herrschers und Entdeckers, der die Insel kreuz und quer erkundet, immer auf der Suche nach würdigen Untertanen, die es anzuleiten gilt, und nebenbei gestaltet und formt er die Landschaft mit typischen Merkmalen und kämpft gelegentlich mit Rivalen unter den Riesen. Mahao ist dagegen eine rein lokale Gestalt – wir kennen sie nur von Leguével de Lacombe. Diese beiden Gestalten bilden einen klaren Gegensatz, der eine ist der Herr über den Schutzzauber, und die andere ist offensichtlich für Liebeszauber und Hexerei zuständig.

Ein Gefühl für die Rahmenbedingungen des Gegensatzes erhält man durch die Geschichten, die sich um drei große Seen ranken, die in Küstennähe in den Wäldern südlich von Tamatave liegen: Rasoabe, Rasoamasay und Nosive. Die beiden Ersteren waren Zwillingsseen, und es wird berichtet, dass sie nach zwei Ehefrauen von Darafify benannt wurden, die dort ihre Reisfelder anlegten (der Riese selbst behielt den

Landstreifen dazwischen für seine Viehställe). Ferrand überliefert diese kleine Geschichte, die ihm eine Betsimisaraka-Frau aus Tamatave erzählte:

> »Rasoabe und Rasoamasay waren Ehefrauen des Riesen Darafify. Sie lebten an den Seen, die ihnen der Riese gegeben hatte, damit sie dort ihre Reisfelder anlegten. Als ihr Ehemann einmal nicht bei ihnen war, wurden sie untreu. Er erfuhr davon, und bei seiner Rückkehr schleuderte er beide jeweils in den See, der heute ihren Namen trägt. Jede hat auf dem Grund des Sees ein neues Dorf gegründet und lebt dort mit ihrem Vieh und ihren Sklaven. Es heißt, dass man auf dem Grund des Sees ihre Häuser sehen kann, wenn das Wasser ruhig ist.«[64]

Hier hält eine unangemessen gewalttätige Reaktion auf eheliche Untreue – es ist das einzige in einer Volkssage überlieferte Beispiel für eine böse Tat Darafifys, das ich kenne – die Frauen dauerhaft in einer Art wässriger Unterwelt fest. Eine ähnliche, aber sehr viel kunstvollere Geschichte über Untreue und Überreaktion versetzte Mahao in eine vergleichbar jenseitige Existenz auf dem Grund des dritten Sees. Die Geschichten sind eindeutig wechselseitige Umkehrungen der jeweils anderen, sie bilden einen komplementären Bestand. In der zweiten werden die Zusammenhänge deutlicher formuliert.

Leguével de Lacombe hatte berichtet, wie er vor einiger Zeit diesen See überquert hatte, und sich dabei erinnert, wie sein Führer ihn bei dieser Bootsfahrt warnte, Männer müssten vollkommen still bleiben, während sie diesen See überquerten, weil sie sonst ein schreckliches Schicksal erwarten würde.[65] Diese Passage ist ein vollständiges Zitat wert:

»›Du solltest‹, fügte er hinzu, ›im See eine Insel erkennen, die größer als die anderen ist. Dort lebte einst eine Frau, die ebenso schön wie bösartig war: Mahao, die Tochter eines mächtigen Antemoro-Oberhaupts namens Andriantsay. Dieser Fürst hatte sie die Geheimnisse der Zauberkunst gelehrt, die seine Vorfahren aus Arabien mitgebracht hatten, damit sie den Menschen nützlich sei. Aber Mahao ertappte ihren Ehemann eines Tages schlafend an der Brust einer jungen Sklavin; nachdem sie ihn erstochen hatte, schwor sie allen Männern einen unversöhnlichen Hass, und ab diesem Tag nutzte sie ihr Wissen, um ihnen zu schaden.

Andriantsay, über die Verbrechen seiner Tochter entsetzt, vertrieb sie und ihre verschiedenen Komplizinnen aus seinem Reich. Sie nahmen Zuflucht auf der Insel, die wir umrunden werden.

Dorthin kamen die Söhne der mächtigsten Oberhäupter des Landes, einer nach dem anderen, um ihren Zaubersprüchen Tribut zu zollen; sie gab vor, ihre Liebe zu erwidern, und führte sie in ihren Palast, wo sie ihre Gäste mit Vergnügungen berauschte; aber sie bezahlten teuer für die Gunst, die sie ihnen gewährte. Nachdem sie drei Tage und drei Nächte lang die Wonnen der Liebe gekostet hatten, erhielten sie von dieser grausamen Frau einen Zauberspruch, der bald darauf tödlich wirkte. Einige, von Benommenheit umfangen, stürzten sich in den See, andere töteten sich selbst mit dem eigenen Speer.

Auf diese Art gingen viele, viele Oberhäupter und tapfere Krieger zugrunde, unter ihnen waren auch alle Söhne von Bemanana – mit Ausnahme des jüngsten, den Gott dazu auserwählt hatte, den Tod seiner sechs

Brüder zu rächen. Er hörte auf den Rat des Weisen Ratsara aus der Ahnenreihe der Zafi-Raminia, setzte zu der Insel über und gab sich, um seine Absicht besser zu verbergen, den Vergnügungen hin, mit denen Mahao ihre Opfer umfing; aber er nutzte den Augenblick, in dem sie fest schlief, griff sich zuerst den Zahn eines Riesen, der ihn unverwundbar machte, und durchbohrte sie dann mit mehreren Stößen.

Doch ein anderer Talisman, der Mahao zu einem Geist erhob, verlieh ihr die Macht, die Menschen selbst nach ihrem Tod noch zu verletzen.

Sie harrt auf dem Grund des Sees aus, und wenn sie die Stimme eines Mannes hört, genügt das, um ihren alten Hass zu wecken. Wir sollten nicht zu viel reden, weil uns das unweigerlich zu den Höhlen führen würde, in denen sie haust.‹«[66]

Es bleibt unklar, ob der »Zahn des Riesen« ein Zahn von Darafify ist, aber angesichts der Parallelen zwischen den beiden Geschichten ist es meiner Meinung nach gerechtfertigt, hier eine Anspielung zu erkennen.

Die Geschichte von Mahao bringt nahezu alle Themen zusammen, die in diesem Teil aufgetaucht sind: das Geheimwissen der eingebürgerten Außenseitergruppen, zu denen auch die Antemoro und Zafi-Raminia zählen (die Zafy Ibrahim spielen zu diesem Zeitpunkt keine Rolle mehr), die sexuelle Rebellion ihrer Frauen, die Macht, aber auch der rächerische Gebrauch des Liebeszaubers (es bleibt unausgesprochen, dass diejenigen, die von ihren Zaubersprüchen [charms] angelockt wurden, zugleich von ihren Reizen [charms] im allerwörtlichsten Sinn gelockt wurden), der Gegensatz dieser Macht zur männlichen Kriegerkaste (»Söhne der mächtigsten Oberhäupter des Landes«, »Oberhäupter und tapfere Krieger«) – und, zumindest in der Geschichte, die schließliche Reaktion und der Sieg der Krieger. Aber sie erkämpfen einen ambivalenten Sieg. Mahao ist tot, aber unbesiegt. Sie harrt unter Wasser aus, und ihre Macht ist ungebrochen. Selbst die männlichen Krieger, die mit ihren Reden die großen Versammlungen dominieren, müssen schweigen, wenn sie über sie hinwegrudern. Und die zwei Prinzipien, Darafify und Mahao, verharren dauerhaft im permanenten, schwebenden Gegensatz im Rahmen der Logik der Zauberpraktiken.

DRITTER TEIL

PIRATEN-AUFKLÄRUNG

Abschließend können wir uns jetzt der Geschichte von Ratsimilaho zuwenden und sie in einem angemessenen Kontext untersuchen.

Wie ich bereits festgestellt habe, war die große politische Mobilisierung, aus der das Betsimisaraka-Bündnis entstand, nicht die Schöpfung der Söhne der Piraten, die zu diesem Zeitpunkt mehrheitlich noch im Kindesalter waren. Sie war aber auch nicht in irgendeinem unmittelbaren Sinn die Schöpfung der Piraten selbst. Diese lebten eindeutig in den Hafenorten und beobachteten die Ereignisse, um die es hier geht; sie konnten gar nicht umhin, sich für das Ergebnis dieser Entwicklung zu interessieren, aber wenn man Mayeur glauben kann, hielten sie sich weitgehend aus dem Geschehen heraus.[1] Die wichtigsten Akteure scheinen, abgesehen von Ratsimilaho selbst, die madagassischen *mpanjaka* und die Söhne von *mpanjaka* gewesen zu sein, die um den Zugang zu den Hafenorten kämpften, an deren Aufbau die Piraten und ihre weiblichen Verbündeten einen großen Anteil hatten.

Die Mobilisierung war teils schlicht und einfach eine erneute Bekräftigung traditioneller männlicher Werte – militärisches Können, rhetorisches Geschick in der öffentlichen Versammlung, die Schaffung von Vorfahren durch Opferrituale. Und teils war sie auch ein politisches Experiment, bei dem von den Piraten wie auch aus anderen ausländischen Quellen übernommene politische Modelle und Grundsätze mit den bestehenden politischen Traditionen der Küstenregion zusammengebracht wurden, um daraus etwas zu schaffen, das nur wenig Ähnlichkeit mit den vorherigen Zuständen und Ereignissen aufwies.

Wenn ich dieses Geschehen als ein protoaufklärerisches politisches Experiment bezeichne, begehe ich natürlich eine gezielte Provokation. Aber meiner Ansicht nach ist eine Provokation an dieser Stelle vollkommen angebracht. Ein selbstbewusstes politisches Experiment, das von Sprechern des Madagassischen durchgeführt wird, ist genau der Typ eines historischen Phänomens, zu dessen Analyse oder gar Anerkennung, wenn es denn erfolgte, die gegenwärtige Geschichtsschreibung am wenigsten in der Lage wäre.

Robert Cabanes' Essay über das Betsimisaraka-Bündnis, in dem dieses als eine Möglichkeit gedeutet wurde, den Reproduktionsmodus des »Lineage-Systems« angesichts des Vordringens des »Handels-Systems« zu erhalten, erschien 1977 und kann als Höhepunkt eines bestimmten, deutlich marxistisch orientierten Analyseverfahrens betrachtet werden. Es entsprach einer Zeitspanne, in der Madagaskar, wie so viele andere postkoloniale Gesellschaften, selbst mit dem Staatssozialismus experimentierte. Seitdem haben sich sowohl die allgemeine politische Lage wie auch der Hauptschwerpunkt und die Begrifflichkeit der historischen Analyse verändert.

Zu einem Zeitalter der »Globalisierung« und der Entstehung weltweiter Bürokratien, die im Namen des globalen »Marktes« den Interessen einer immer kleiner werdenden Wirtschaftselite dienen, gehört auch der Aufstieg eines Stils von Geschichtsschreibung, die sich in erster Linie auf den internationalen Handel konzentriert, zweitens dann auf »lokale Eliten« als wichtigste – oder gar ausschließlich – handelnde Personen der Geschichte. Es gab zwar hervorragende historische Arbeiten über Madagaskar, die sich deutlich von diesem Schwerpunkt absetzten,[2] aber die meisten Autorinnen und Autoren, die über Piraten geschrieben haben, folgen diesem Denkmuster.[3] Ausländische Händler verbünden sich mit lokalen Eliten oder geraten in Konflikte mit ihnen. Von den »Eliten« wird angenommen, dass sie sich in allen wichtigen Punkten gleichen; sie teilen sich bestenfalls auf in »politische Eliten« und »magisch-religiöse Spezialisten«, aber die Hauptannahme scheint zu sein, dass es Eliten immer geben müsse, dass solche Eliten in erster Linie mit der Anhäufung von Reichtum und Macht beschäftigt seien und dass, wenn sie sich weiter differenzieren ließen, dies hauptsächlich danach geschehen müsse, wie viel Macht und Reichtum sie bis jetzt angehäuft hätten.

In allen Arbeiten dieser Art werden Volksbewegungen oder intellektuelle Strömungen (die vielleicht von anderer Art sind als die »westlichen«) – Kosmologie, Werte, Bedeutung – weitgehend nicht berücksichtigt, die Ersteren überhaupt nicht, die zweiten bestenfalls für Kostümfest-Auftritte für eine Reihe von Akteuren, welche, ganz gleich, wie farbenprächtig sie dargestellt werden, dennoch dazu verdammt sind, in zwangsneurotischer Manier das immer gleiche Stück aufzuführen.[4]

Hier folgt ein Beispiel dafür, wie ein zeitgenössischer Historiker die Bedeutung der Kriege zusammenfasst, die zum Aufstieg des Betsimisaraka-Bündnisses führten:

»Obwohl in diesem Krieg eine erhebliche Zahl von Gefangenen gemacht wurde, gelang es den Betsimisaraka bis lange nach dem Ende der Kampfhandlungen nicht, vom Sklavenexport zu profitieren. Die Häfen an der Ostküste waren bis zum Jahr 1724 von den Kolonialmärkten so gut wie abgeschnitten, weil Sklavenschiffe nur selten oder gar nicht dort Station machten. Begegnungen mit Piraten hatten um die letzte Jahrhundertwende zum Verlust mehrerer Handelsschiffe geführt, deshalb mieden die Sklavenhändler in den darauffolgenden Jahren diese Region. […] Während der ersten Hälfte des 18. Jahrhunderts lebten die meisten Menschen an der Ostküste unverändert in weitgehend autonomen Dörfern. Die Ergebnisse einer archäologischen Untersuchung zeigen, dass es bei der traditionellen Arbeitsweise der Töpferei nur wenige Veränderungen und nur wenige Belege für Handel, gesellschaftliche Differenzierung oder eine entwickelte Hierarchie unter den Siedlungen gab. Auch wenn diese Ergebnisse bestätigen, dass das dominante politische Gemeinwesen von einer einzigen charismatischen Person begründet wurde und nicht durch allmählich vollzogene strukturelle Veränderungen, erhielt Ratsimilaho niemals die göttlichen und absoluten Machtbefugnisse des Königtums, wie sie bei den Sakalava praktiziert wurden. Die Betsimisaraka blieben ein Bündnis von Gemeinschaften, die von mächtigen, grundsätzlich unabhängigen *filohany* geführt wurden, anstatt zu einem vereinigten Königreich zu werden.«[5]

Während Mayeur behauptete, Ratsimilaho habe sorgfältig darauf geachtet, dass so viele Kriegsgefangene wie nur möglich zu ihren Familien zurückkehren konnten, ist die stillschweigende – aber eigentlich nicht allzu stillschweigende – Annahme hier, dass ein jeder Mensch, der in einer Machtposition ist, in der er menschliche Wesen ins Ausland und damit in Sklaverei, Elend und Tod verkaufen kann, dies sicherlich auch tun würde, wenn er sich für den Erlös mit einiger Sicherheit qualitativ hochwertigeres Geschirr leisten könnte. Man muss davon ausgehen, dass der Autor selbst es angesichts seiner Präferenzen – wie fast alle anderen Menschen auch – vorziehen würde, in einer Gesellschaft zu leben, deren Mitglieder nicht in die Sklaverei verkauft werden und in der die Gemeinschaften nicht von einem Individuum beherrscht werden, das über absolute Macht verfügt. Ein Sprachgebrauch dieser Art – so neutral er sich auch auf den ersten Blick geben mag – ist de facto praktisch die einzige Möglichkeit, eine Situation zu betrachten, in der eine Gruppe von Menschen, die sich zu öffentlichen Versammlungen trifft, eine Methode entwickelt, mit der sich Sklavenhändler abwehren lassen, und dabei dennoch an einem dezentralisierten und partizipatorischen System der Selbstverwaltung festhält, und dies *nicht* als eine große historische Leistung zu bewerten.

Ich werde im Folgenden von der Position ausgehen, dass dies wirklich eine große historische Leistung war und dass die Menschen, die das Betsimisaraka-Bündnis schlossen – das keineswegs das Geistesprodukt eines einzigen Menschen war –, reife, durchdacht handelnde Erwachsene mit einem Wissen um eine große Bandbreite politischer Möglichkeiten waren, das sie nicht nur aus Madagaskar, sondern auch aus Europa und aus den Anrainerstaaten des Indischen Ozeans bezogen. Außerdem scheint die Annahme vernünftig zu sein, dass sie über besondere Kenntnisse zur Organisation von Piratenschiffen und Piratengemeinschaften verfügten, weil sie mit beiden regelmäßigen Kontakt hatten. In diesem Teil werde ich deshalb unter dieser Prämisse einen (neuerlichen) Blick auf die vorhandenen Belege werfen.

Das ist ein bisschen schwierig, weil Mayeur in seiner Darstellung die Ansicht vertritt, dass das Bündnis von einem einzigen Individuum ersonnen wurde. Sein Text ist im Wesentlichen eine Hagiographie. In nahezu jedem Kapitel gibt es mehrere Absätze, die Betrachtungen zur beispielhaften Moral und den persönlichen Fähigkeiten des Protagonisten enthalten; manchmal werden diese Fähigkeiten mit denen seines Gegenspielers Ramangano, des Königs der Tsikoa, kontrastiert, manchmal handelt es sich einfach nur um ausführliche Hochrufe auf den Mann selbst. Die meisten anderen Personen kommen nur vor, um die Handlung weiterzuführen oder weil sie auf eine interessante Art zu Tode kamen. Die vollständige Geschichte muss deshalb weitgehend über Nebenbemerkungen und sinngemäße Auslegung erschlossen werden. Aber ich meine, dass dies möglich ist.

Mayeur verließ sich auf die Erinnerung von Ratsimilahos einstigen Kampfgefährten, die inzwischen bereits ein Alter von über sechzig oder siebzig erreicht hatten. Manche Elemente der Geschichte (Gefechte, Manöver, Ansprachen, Bündnisrituale) werden verblüffend detailliert geschildert; andere wiederum sind eindeutig bearbeitet oder ganz unterdrückt worden. Heraus kommt dabei die typische heroische Erzählung; die Existenz eines solchen Genres im 18. Jahrhundert an der Ostküste ist zwar für sich genommen äußerst bedeutsam, doch wenn man den umfassenden Hintergrund der geschilderten Ereignisse verstehen will, muss man über das hinausgehen, was eine oder zwei Generationen später für berichtenswert gehalten wurde, und jedes einzelne Stückchen noch einmal umdrehen, um es im Kontext dessen zu betrachten, was nicht gesagt wird.

DIE AUSGANGSLAGE

Fast alle Piraten hatten Sainte Marie bis zum Jahr 1712 verlassen und sich an der Küste der Hauptinsel angesiedelt. Dort scheinen einige von ihnen in der großen Bucht von Antongil ein neues Zuhause gefunden zu haben, andere in Tintingue, unmittelbar gegenüber von Sainte Marie, aber die größte Konzentration ehemaliger Piraten scheint es in den Orten gegeben zu haben, die später als Fénérive (Fenoarivo) und Foulpointe bekannt wurden.[6] Der zuletzt genannte Ort, wir kommen noch darauf zurück, wurde damals Ambonavola genannt; er war bereits vor der Ankunft der Piraten ein Umschlagplatz für die Versorgung ausländischer Schiffe mit Reis und Vieh gewesen, und jetzt beherbergte er Nathaniel Norths experimentelle Gemeinschaft, die sich daranmachte, die Satzung eines Piratenschiffs auf festes Land zu übertragen.

Alle Hafenorte des Nordostens – Fénérive, Foulpointe, Tamatave – waren nach Mayeurs Darstellung unter die Herrschaft eines aus dem Süden stammenden Militärbündnisses gekommen, das als die Tsikoa bekannt war; es bestand aus fünf Clans, deren angestammtes Land im zentralen Drittel des Gebiets lag, das später zum Territorium der Betsimisaraka werden sollte. Die Tsikoa lebten, im Unterschied zum »Volk des Nordens« (Antavaratra) und zum »Volk des Südens« (Antatsimo) unter der Herrschaft »eines Königs, eines Oberhaupts, das über den Oberhäuptern der einzelnen Stämme stand, eines Despoten und absoluten Herrn über den Besitz und das Leben seiner Untertanen«.[7] Dieser König trug den passenden Namen Ramangano (»Derjenige, der so handelt, wie es ihm gefällt«). Weil es im Stammland der Tsikoa keine Hafenorte gab, erklärt Mayeur, hätten sie schließlich ihre nördlichen Nachbarn angegriffen und ohne große Mühe den gesamten Nordosten eingenommen. Mayeur beschreibt die Ergebnisse dieses Geschehens aus der Sicht der Bewohner des Nordens als unverhüllte Tyrannei:

> »Ihre jungen Töchter wurden weggebracht und an Bord der europäischen Schiffe verkauft, die an den Küsten verkehrten, und das leiseste Murren wurde mit Sklaverei und dem Tod bestraft. Die Gräber der Ahnen wurden entweiht. Die für den Handel mit den Europäern benötigten Tauschobjekte wurden gewaltsam und ohne Entschädigung weggenommen. Ganze Dörfer waren verlassen, weil Männer, Frauen und Kinder für den Transport von Waren von der Küste ins Binnenland eingesetzt wurden. Die Ankunft eines Schiffes an irgendeinem beliebigen Ort an der Nordküste wurde für dessen Bewohner zum Fluchtsignal. Wenn sie zurückkehrten, geschah das ebenso sehr aus Furcht, die eigene Ernte vernichtet und die Dörfer niedergebrannt zu sehen, wie aufgrund der Pflicht, sich irgendwelche versprochenen Gegenleistungen zu sichern.
>
> Die Tsikoa richteten einen Sitz für ihre Herrschaft über das eroberte Gebiet ein. Sie machten Vohimasina zu ihrer Hauptstadt, ein Dorf, das auf dem gleichnamigen Berg errichtet worden war, in geringer Entfernung von

> Fénérive und extrem stark befestigt. Von dort aus diktierte der Tsikoa-Tyrann seine Gesetze den zahlreichen Stämmen, die, ohne um die eigene Stärke zu wissen, die Köpfe traurig unter das Joch des Eroberers beugten.«[8]

Mayeurs Darstellung ist verwirrend. Manchmal scheint er die üblichen Raubzüge des Sklavenhandels zu schildern, bei anderen Gelegenheiten dagegen das Auftreten eines Reiches, das die Herrschaft über das gesamte Küstengebiet für sich beanspruchte. Es erscheint jedoch als sehr unwahrscheinlich, dass plötzlich ein Herrschaftssystem, das einer absoluten Monarchie glich, wie aus dem Nichts in einem Land auftauchte, das zuvor noch nicht einmal dominante Clans erlebt hatte.

Ein anderer Autor bezeichnet die Tsikoa-Herrschaft als »eine Art Republik«, und Cabanes liegt möglicherweise richtig, wenn er behauptet, dass Ramangano – ungeachtet seines Namens – in Wirklichkeit nur ein besonders tüchtiger Kriegskommandant einer Clan-Koalition von der traditionellen Art war.[9] Mayeur behauptet, die Tsikoa wären möglicherweise bereits im 16. Jahrhundert entstanden, und an einer sehr wichtigen Stelle lässt er die Katze aus dem Sack, als die Bemerkung fällt, ihnen sei die Verantwortung für die Massaker zugeschrieben worden, die in den 1650er Jahren an den Besatzungen europäischer Handelsposten an der gesamten Ostküste verübt wurden.[10] Nimmt man all dies zusammen, scheint die Schlussfolgerung vernünftig zu sein, dass die Tsikoa ursprünglich ein Militärbündnis waren, das zur Verteidigung der Küste geschlossen wurde, und das aufgrund der Initiative ebendieser fünf wichtigen Clans – ein Bündnis, das zunächst nur für Notfallsituationen galt und sonst keinen Bestand hatte.

Die Koalition veränderte sich in ihrem Wesen erst mit der Ankunft der Piraten, mit der sie nach und nach eine eher wirtschaftliche Bedeutung erlangte. Abbé Rochon sprach viele Jahre nach Ratsimilahos Zeit mit Ältesten der Tsikoa und bekam dabei eine ganz andere Version der Geschichte zu hören. Die Tsikoa, betonten diese Gesprächspartner, seien einfach nur »wirthschaftlicher und muthiger« als die anderen Bewohner der Region, und sie hätten

> »ihre Dörfer verlassen und sich in großer Anzahl nach dem Wohnorte der Seeräuber [Piraten] aufgemacht, um sich verschiedene Handelsartikel, deren Nutzen und Bequemlichkeit sie einsahen, zu verschaffen. Besonders fragten sie stark nach dem schönen Kattun, nach Schnupftüchern von Masulipatnam, Musselinen und einigen anderen, mehr oder weniger kostbaren Waaren. Die Bewohner der Seeküste, die unter den Namen Antawarren [Antavaratra] und Maniwulis [Manivolo] bekannt sind, sahen sie mit wahrem Vergnügen bei sich, und würden es für Verletzung der Gastfreundschaft und zugleich ihrer Zuneigung zu den Seeräubern gehalten haben, wenn sie die letzteren in dem Handel um Vieh und allerlei andere Lebensmittel, die ihnen zum Verproviantiren ihrer Schiffe nothwendig waren, nur im mindesten gestört hätten.«[11]

Es waren also nicht nur Händlerinnen, die ab den 1690er Jahren in größerer Zahl in die Hafenorte kamen, sondern auch Männer. Allein für den Transport von Lebensmittelvorräten zu den Schiffen wurden wohl viele Arbeitskräfte gebraucht, die als Träger, Viehtreiber und für andere Tätigkeiten eingesetzt wurden, die traditionell den Männern vorbehalten waren. Vermutlich griffen die Tsikoa, die den Nachteil hatten, dass sie größere Entfernungen überbrücken mussten, wieder auf ihre alte militärische Organisation zurück, um ihre Transportkolonnen und Einrichtungen in der Region zu schützen. Diese Organisation wurde dann unweigerlich in die lokal bestehenden Konflikte hineingezogen. Selbst wenn die Sklavenhändler nicht versuchten, Unruhe zu stiften, muss das Vorhandensein von so viel an einem Ort zusammengezogenem Reichtum in einer Gesellschaft, in der männliche Tapferkeit eng mit einer Kultur des Viehdiebstahls verbunden war, unweigerlich zu Unruhen geführt haben. Mayeur spricht an anderer Stelle von »fortgesetzten Streitigkeiten, Plünderungen von Lagerhäusern, Niederbrennen von Dörfern, Viehdiebstahl, vernichteten Ernten, Sklaverei, Elend und all den Plagen des Hasses und der Rache, die sie hervorbrachten«.[12]

Johnsons Geschichte von Nathaniel North beschreibt die Piratenkolonie in Ambonavola so, dass sie immer kurz vor einer Verstrickung in diese Konflikte gestanden hätte.[13] Als abermals immer mehr ausländische Sklavenhändler vor der Küste auftauchten, die eine aufblühende Plantagenwirtschaft auf Mauritius und Réunion mit frischen Arbeitskräften versorgen sollten, muss es den Piraten sinnvoll erschienen sein, sich mit einer militärischen Organisation zu verbünden, die nicht aus dieser Region stammte. Schon bald gab es einen festen Tsikoa-Oberbefehlshaber und mindestens zwei dauerhafte Garnisonen: ein von Palisaden umgebenes Lager in unmittelbarer Nachbarschaft zu Ambonavola/Foulpointe und Vohamasina, die Tsikoa-»Hauptstadt«, eine wenige Meilen landeinwärts von Fénérive auf einem Hügel angelegte Festung.

Es gibt keine Belege dafür, dass die Tsikoa Tributzahlungen

verlangten; sie nahmen sich einfach einen Anteil von allem, was in die Hafenorte hineingebracht oder von dort herausgeschafft wurde, und begingen Überfälle, wenn die Sklavenhändler dies verlangten. Das musste auf irgendeiner Art von Übereinkunft mit den Piraten beruhen, die die Häfen kontrollierten. Aber die Piratensiedler begegneten seit 1697, wie bereits erwähnt, dem Sklavenhandel mit zunehmender Ablehnung. Je mehr sie in das innenpolitische Geschehen ihrer Wahlheimat verwickelt wurden, desto stärker müssen sie diese Art von willkürlich ausgeübter Gewalt erlebt und ebenso bewertet haben wie ihre madagassischen Familien. Mayeur schreibt, die Tsikoa hätten sorgfältig darauf geachtet, die leiblichen Kinder der Fremden bei ihren dem Menschenraub dienenden Überfällen zu verschonen und ihnen beim Betreten und Verlassen der Hafenorte freien Durchgang zu gewähren, aber das war eindeutig nicht genug: Alle Quellen stimmen darin überein, dass die Piraten sich beim Ausbruch einer Rebellion auf deren Seite schlugen.

An dieser Stelle betritt Ratsimilaho die Bühne.

Alle Quellen sind sich darin einig, dass Ratsimilahos Vater ein englischer Pirat namens Thamo (oder »Tom«) und seine Mutter Rahena, die Tochter eines Oberhaupts des Zafindramisoa-Clans, gewesen sei. Letzterer lebt heute noch in der Umgebung von Fénérive.[14] In allen anderen Punkten weichen die Quellen erheblich voneinander ab. Nach der Darstellung von Louis Carayon, einem französischen Offizier, der einige Jahre an dieser Küste lebte, lernten sich Ratsimilahos Eltern auf Sainte Marie kennen, aber der Vater starb noch vor der Geburt des Jungen auf der Flucht vor einer gegen die Piraten ausgesandten Expedition;[15] seine schwangere Witwe, die seine ganzen Bestände an Waffen und wertvollem Beutegut geerbt hatte, vermachte alles einem Bündnis von Clan-Oberhäuptern, die sich auf einen gemeinsamen Aufstand gegen die Tsikoa verständigt hatten, verband dies aber mit der Bedingung, dass die Aufständischen ihr Kind zu ihrem König machten. Die Geschichte ist bemerkenswert, weil sie den Eindruck erweckt, der Aufstieg des Betsimisaraka-Bündnisses hätte überhaupt nichts mit Ratsimilaho zu tun, aber sie funktioniert aus einer ganzen Reihe von Gründen nicht.[16]

Die Standard-Darstellung ist die von Mayeur, nach der Ratsimilahos Vater Tom, dem es auf irgendeine Art gelungen war, sich zu rehabilitieren, den ungewöhnlichen Schritt unternahm, seinen heranwachsenden Sohn nach London zu bringen, um ihm dort, gemeinsam mit einigen madagassischen Altersgenossen, eine Ausbildung zu ermöglichen.[17] Aber nach wenigen Monaten überkam den Sohn das Heimweh und er verlangte, zurückgebracht zu werden. Sein Vater übergab ihm dann einen großen Bestand an Schusswaffen und Wertsachen und überließ es ihm selbst, sein Glück zu machen.

Auch dieser Bericht lässt einige Fragen offen. Wie genau gelang es Ratsimilahos Vater, in die Heimat zurückzukehren und aus seinem Reichtum ein Ansehen zu gewinnen, das groß genug war, um ihn in die Lage zu versetzen, seinen Kindern eine Ausbildung zu ermöglichen?[18] Und welche Art von Ausbildung wäre das wohl gewesen? Blieb er in England, wie Mayeur andeutet, oder spielte er beim Fortgang der Ereignisse weiterhin eine aktive Rolle? Und wer waren die madagassischen Gefährten? Mayeur behauptet, er habe die Information von zwei alten Männern bekommen, die ihren ehemaligen König auf seiner Reise nach London begleitet hätten, aber es gibt keinerlei Informationen zu ihrer Identität oder zu ihrer Rolle bei den späteren Ereignissen.

Ich meine, dass diese Fragen nützlich sind, weil alle Belege dafür sprechen, dass es damals so etwas wie eine kreolisierte Piratenkultur gab, die nicht auf Ratsimilaho oder die künftigen Malata begrenzt war. Piraten handelten und raubten in den 1710er und 1720er Jahren weiterhin im gesamten Bereich des Indischen Ozeans. Ratsimilaho selbst hatte nach einer Darstellung »zahlreiche Reisen« unternommen, die ihn unter anderem bis nach Bombay und an einige Orte an der Malabar-Küste führten;[19] wie bereits erwähnt, scheint er auch eine Lehrzeit am Sakalava-Königshof verbracht zu haben, an dem es zu dieser Zeit auch zahlreiche Piraten gab, die als Berater dienten;[20] später nutzte er dann seine Kenntnisse über das Kreditwesen, um den Handel seines eigenen Königreiches mit ausländischen Händlern zu organisieren.[21]

Daraus lässt sich vernünftigerweise schließen, dass diese Erfahrung weder einzigartig noch auf die Nachkommen von Piraten beschränkt war – und selbst in Mayeurs Erzählung übernimmt kein Malata eine aktive Rolle in den laufenden Ereignissen; Ratsimilahos engste Verbündete und Bundesgenossen sind ausnahmslos junge Männer, die, wie er auch, über gewisse Erfahrungen mit Piraten und ihrer Lebensweise verfügten, selbst aber rein madagassischer Herkunft sind. Ihre Namen erfahren wir nur beiläufig, aber im Text kehren sie regelmäßig wieder: die zwei anonymen Gefährten, die mit ihm nach England gingen;[22] Andriambola, sein Cousin mütterlicherseits, und eine kleine Gruppe enger Freunde, die ihn begleiteten, als er zum ersten Mal zur Flucht aus Ambonavola gezwungen wurde;[23] Tsiengaly, sein »vertrautester Freund« und stellvertretender Befehlshaber gegen Ende des Krieges,[24] und so weiter.

Einige dieser Gefährten waren ein halbes Jahrhundert später Informanten Mayeurs, und es wäre wohl kaum überraschend, wenn sie beim Erzählen der Geschichte ihre eigene Rolle bei den Ereignissen heruntergespielt hätten. Von älteren Madagassen wird erwartet, dass sie sich zurückhaltend geben. Ihre Bescheidenheit hätte wiederum Mayeurs eigene Neigung nur noch verstärkt, alles auf die einzigartige Gestalt Ratsimilahos zu konzentrieren, der dann als Fürst der Aufklärung und Gesetzgeber dargestellt werden konnte, der die Nation der Betsimisaraka ganz allein kraft seines eigenen individuellen Genies schuf.

Damit soll jedoch nicht bestritten werden, dass die Schaffung des Bündnisses in einem gewissen Sinn ein protoaufklärerisches Experiment war. Es ist lediglich ein Experiment, bei dem der Gedanke, dass alles von einem einzigen charismatischen Gründer und absoluten Monarchen abhing, im Wesentlichen ein Trick war. Ganz ähnlich wie es sich auf Piratenschiffen anbot, sich den Ruf von allmächtigen und blutrünstigen Kapitänen zuzulegen, um Außenstehende einzuschüchtern, selbst wenn intern die meisten Entscheidungen durch Mehrheitsbeschluss getroffen wurden, verhielt es sich hier: Die Gründer des Bündnisses fanden es, vor allem im Umgang mit Außenstehenden, nützlich zu behaupten, man hätte einen allmächtigen König, und das Vorhandensein so vieler gestohlener Luxusgüter erleichterte es, etwas ins Bild zu setzen, das wie ein Königshof anmutete, ohne bei den internen Arbeitsabläufen irgendwelche größeren Änderungen vornehmen zu müssen.

Das Bündnis war dann weder die Schöpfung eines einzigen Mannes, noch war es die kollektive Schöpfung der Malata. Wenn sich die jungen Männer, die allem Anschein nach die führende Rolle bei seiner Planung und Gründung übernahmen, Piratenschiffe und Organisationsformen von Piraten als eines ihrer Vorbilder ausgesucht hätten, wäre auch das kaum überraschend: Das waren schließlich die ausländischen Organisationsformen, mit denen sie höchstwahrscheinlich eigene Erfahrungen gemacht hatten. Johnsons Bericht macht deutlich, dass die Piraten – als sie Nathaniel North zum »Kapitän« der Piraten von Ambonavola wählten – ganz bewusst die Organisation ihrer Schiffe aufs Festland übertragen hatten, und das, wie er betont, auf eine Art, die bewusst darauf setzte, die madagassischen Nachbarn als Vorbild für eine gute Regierungsführung zu beeindrucken. Sogar diejenigen, die selbst nach Europa oder Indien gereist waren, hätten dies – die Übernahme der Organisationsformen – in der Gesellschaft von Piraten höchstwahrscheinlich getan.

Schließlich wäre ein gewisses Maß an politischer Synthese genau das, was man in einem Kontext erwarten würde, in dem der Historiker Kevin McDonald von einer »hybriden Kultur« spricht, die »die Riten und Rituale der karibischen Bukanier mit den Bräuchen und der Kultur der Bevölkerungsgruppen an der Küste Madagaskars verschmilzt«[25] – deutlich wird das etwa in Praktiken wie dem Trocknen von Rindfleisch, rituellen Trinksprüchen oder dem Schließen von Blutsbrüderschaften *(matelotage* bei den Piraten, *fatidra* bei den Madagassen). Im nächsten Abschnitt prüfe ich dann Mayeurs Manuskript in diesem Licht. Leider haben wir keinen Zugang zu den Überlegungen, mit denen Ratsimilahos Gefährten ihr Vorhaben planten. Aber wir wissen etwas über die rituellen Formen, mit denen sie dieses Projekt umsetzten, weil diese im kollektiven Gedächtnis sorgfältig aufbewahrt wurden.

DIE ANFÄNGLICHE HERAUSFORDERUNG

Mayeurs Geschichte beginnt so: Ratsimilaho beschloss im Jahr 1712, damals 18 Jahre alt und eben erst von seiner misslungenen Reise nach England nach Foulpointe (Ambonavola) zurückgekehrt, die einzige Möglichkeit, die Antavaratra (das Volk des Nordens) für den Kampf gegen die Tsikoa zu vereinigen, wäre irgendeine dramatische Geste, ein »coup d'eclat«. Er schickte seinen Cousin Andriambola mit einem Ochsenhorn voll Reis in die Hauptstadt der Tsikoa, aber auch mit einer weißen *felana,* einem auf der Stirn angebrachten Zeichen, das als traditionelles Kennzeichen der Parteilichkeit in einem Krieg galt.[26] Der Gesandte bot das Horn dar, um dem König Glück und Wohlstand zu wünschen, und erklärte, Ratsimilaho habe sich mit seinen Ahnen beraten, die darauf hingewiesen hätten, dass Ramangano – der Oberbefehlshaber der Tsikoa – keinen Anspruch auf das Gebiet im Norden habe und in sein eigenes Land zurückkehren solle, wenn er den Wunsch habe, in Frieden mit ihm zu leben. Andriambola fügte jedoch noch hinzu, dass Ratsimilaho bereit sei, den Tsikoa die Kontrolle über Tamatave zu belassen, den südlichsten Hafenort in seinem Gebiet, damit sie nicht vollständig vom Handel mit dem Ausland abgeschnitten würden. Es versteht sich von selbst, dass Ramangano auf diese Worte mit Verachtung reagierte. Er wies das Horn zurück, verweigerte selbst eine entsprechende Geste und ließ Ratsimilaho ausrichten, er solle Foulpointe sofort räumen, sonst werde er ihm »Feuerstein und Musketenkugel« schicken.

Ratsimilaho floh mit wenigen Gefährten und seinem Vorrat an Geld und Waffen nach Sainte Marie.

An dieser Stelle ist es wichtig, bestimmte Aspekte dieses ersten Wortwechsels hervorzuheben, die von früheren Interpreten übergangen worden sind. Der Bericht sagt, der Vater des Helden hätte seinen Sohn von London nach Ambonavola/Foulpointe zurückgeschickt, erwähnt aber nicht, in welcher Eigenschaft der Rückkehrer reiste. Er erklärt nur, dass der junge Mann vergeblich versuchte, lokale Malata oder Oberhäupter für eine Rebellion zu gewinnen. Aber als Ramangano ihm durch einen Gesandten eine Nachricht überbringen lässt, spricht er ihn nicht nur als einfachen Bewohner des Ortes an:

> »Ratsimilaho wird von mir weder das Tandroka [Horn] noch den Vary [Reis] erhalten. Ich werde die *felana* rechtzeitig einberufen. Sag ihm: Ramangano befehligt die zahlreichen Menschen, die das Gebiet vom Manoro[27] bis nach Angontsy bewohnen. Wenn er dir gestattet hat, dich in Foulpointe niederzulassen, so geschah das nur in Erinnerung an die Dienste, die dein Vater ihm geleistet hat; aber er verzichtete niemals auf den Gehorsam, den du ihm als dem Herrscher des Landes schuldest. Er weiß, dass du der Sohn eines verdienstvollen weißen Mannes bist, aber diese Eigenschaften ändern nichts an der Tatsache, dass er ein Fremder war. Deine Mutter war die Tochter eines einfachen Häuptlings aus der zweiten Klasse, und du hast keinen Anspruch auf die Übertragung von Autorität. Aber weil du deine ausländische Herkunft und deine Pflichten als Untertan vergessen hast, ermahnt dich Ramangano eindringlich, Foulpointe zu verlassen und dich an einem anderen Ort niederzulassen. Bete zu den Seelen deiner Vorfahren um Rat, denn

schon bald wirst du die Strafe für deine Unverschämtheit erhalten.«[28]

Es ist unwahrscheinlich, dass Ratsimilaho nur um die Erlaubnis gebeten haben könnte, weiterhin im Haus seines Vaters leben zu dürfen. Die Passage ergibt nur dann einen Sinn, wenn Ratsimilaho mehr als bloß ein einfacher Bewohner des Ortes ist – eines Ortes, in dem, nur wenige Jahre nach Nathaniel Norths Tod,[29] wohl immer noch viele aktive und nicht mehr zur See fahrende Piraten lebten, ebenso wie ihre Ehefrauen und Witwen, zusammen mit ihren madagassischen Verwandten, Händlern und sonstigem Anhang –, nämlich ein in irgendeiner anerkannten Eigenschaft tätiger Vertreter des Gemeinwesens. Sein Vater war ein Verbündeter der Tsikoa gewesen, der seinem Sohn trotz seiner Jugend erlaubt hatte, irgendeine offizielle Funktion im Hafen auszuüben. Vielleicht fungierte er, aufgrund seiner sprachlichen Fähigkeiten und weil er lesen und schreiben konnte und den Umgang mit Ausländern gewohnt war, als Mittelsmann oder Aufseher in Handelssachen.

Das gibt auch der Tatsache, dass es Ratsimilahos Cousin Andriambolo war, der die Nachricht überbrachte, eine neue Bedeutung. Ratsimilaho präsentiert sich selbst nicht als Kind von Piraten, sondern als »Oberhaupt der Familie der Zafindramisoa« und spricht im Namen der Ahnen seiner Mutter; hinzu kommt noch, dass ihm der Sohn des Bruders seiner Mutter, von dem man ansonsten erwarten würde, dass er im Rang über ihm steht, als Gesandter dient, und das bedeutet: ihm untergeordnet ist. Ratsimilaho handelte so auf verschiedenen Ebenen: Er beanspruchte die Vorrangstellung innerhalb seines Clans, der Tatsache zum Trotz, dass er eigentlich einer normalerweise als zweitranging eingestuften »Kinder von Mädchen«-Lineage angehörte; und er wies den Machtanspruch des Tsikoa-Bündnisses zurück, welches Amt ihm auch immer durch seinen Malata-Status zugefallen sein mochte, und ungeachtet des umfassenden Kastensystems, das ihm einen zweiten Rang zuwies.

DIE GROSSE KABARY

Zurück zur Geschichte: Die kleine Gruppe von Rebellen ließ sich bald darauf auf der Hauptinsel nieder, in dem Dorf Ambitsika, das im Norden Madagaskars an der Mündung des Mananara und am westlichen Eingang der Bucht von Antongil liegt. An diesem Ort weckte ihre Herausforderung des Herrschers allgemeine Bewunderung, und *mpanjaka* aus benachbarten Clans kamen, um ihnen Geschenke in Form von Rindern, Reis, Schafen und Geflügel zu überreichen. Letztlich wurden sie alle zu einer großen Kabary eingeladen.

Im Kontext dieses Buches sind es zwei Dinge in Mayeurs Bericht über diese Kabary, die besonders auffallen: an erster Stelle der Ausschluss der Frauen; zweitens die Übernahme eines politischen Rituals, das eindeutig eine Synthese von madagassischen und Piraten-Bräuchen ist.

Der Ausschluss von Frauen zeigt, in welchem Ausmaß die Entstehung der beiden rivalisierenden Republiken der Tsikoa und der Betsimisaraka eine erneute Festigung der männlichen Macht gegen die »Städte der Frauen« an der Küste bedeutete. Frauen wurden von allen großen Gründungsversammlungen ausdrücklich ausgeschlossen. Noch schwerer wiegt, dass sich die Autoren der Quellen auch darüber im Klaren zu sein scheinen, wie unrechtmäßig ein solches Vorgehen ist. Hier ist die entscheidende Passage von Mayeur:

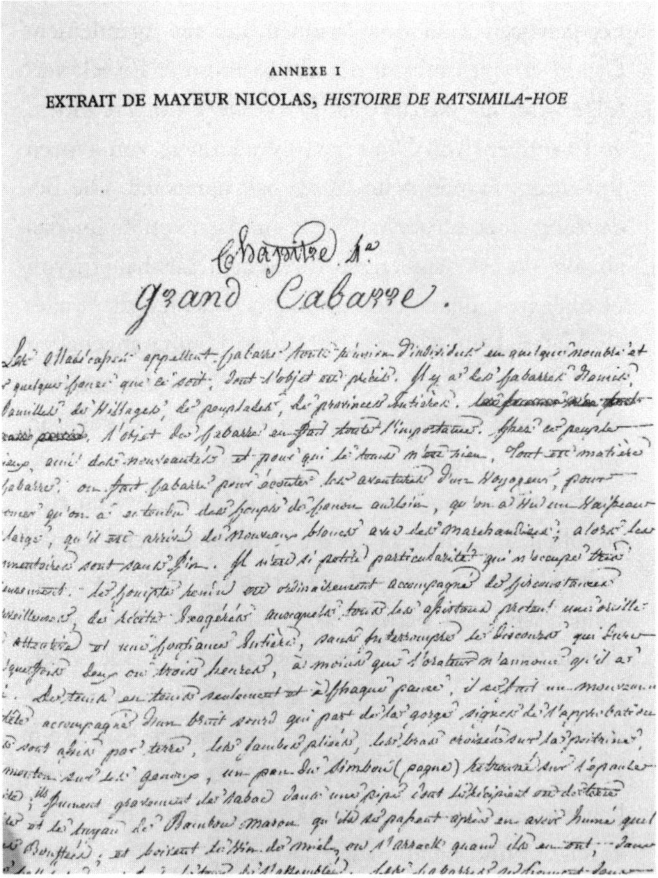

ANNEXE I

EXTRAIT DE MAYEUR NICOLAS, *HISTOIRE DE RATSIMILA-HOE*

Chapitre 1er

Grand Cabarre.

Faksimile des 1. Kapitels aus Nicolas Mayeurs (1747–1813) bis heute unveröffentlichter *Histoire de Ratsimila-hoe Roi de Foule-pointe et des Bé-tsi-miçaracs*: Der ehemalige Sklavenhändler liefert die ersten realistischen ethnografischen Berichte von Madagaskar und dokumentiert die Lebensgeschichte Ratsimilahos.

Man beachte den gestrichenen Satz. Diese Passage ist die am deutlichsten ethnografisch orientierte in Mayeurs Manuskript:

»Die Madagassen bezeichnen jede Versammlung einer gewissen Zahl von Personen, die aus irgendeinem Grund erfolgt und mit der ein bestimmter Zweck verfolgt wird, als ›kabary‹. Es gibt *kabary* von Freunden, von Familien, von Dörfern, von Stämmen, von ganzen Provinzen. Frauen nehmen niemals daran teil. Die Bedeutung einer *kabary* hängt ganz und gar von ihrem Ziel ab. Bei diesen neugierigen Menschen, Liebhabern von Neuigkeiten, denen die Zeit nichts bedeutet, dient alles als Material für *kabary;* eine *kabary* könnte abgehalten werden, um sich die Abenteuer eines Reisenden anzuhören, um bekanntzugeben, dass jemand Geschützfeuer in großer Entfernung gesehen, ein Schiff draußen auf See entdeckt hat, dass neue Weiße mit Handelswaren eingetroffen sind; dann fallen die Kommentare endlos aus. Kein Thema ist so trivial, dass es nicht ernsthaft angegangen wird. Die Berichte werden meist durch die wunderbarsten Ausschmückungen ergänzt. […] Alle sitzen auf dem Boden, die Beine sind gekreuzt, die Arme vor der Brust verschränkt, das Kinn ruht auf den Knien, ein kleines Tuch ist über die rechte Schulter gelegt; mit feierlicher Miene rauchen sie Tabak in einer Pfeife mit Terrakottakopf und Bambusstiel; nach ein paar Zügen geben sie die Pfeife weiter und trinken Honigwein oder Arrak, wenn sie welchen haben, aus einer Kalebasse, die bei der Versammlung herumgereicht wird. Diese *kabary* werden in Häusern oder, wenn der Platz dort nicht ausreicht, draußen im Freien abgehalten.«[30]

Das ist sicherlich ein Abbild männlicher Geselligkeit, aber der Ausschluss der Frauen ist hier buchstäblich beseitigt worden: Der Autor oder der Bearbeiter hat den Satz durchgestrichen. Frauen wurden nämlich aus politischen Alltagsdebatten keineswegs ausgeschlossen, weder in den Städten noch in den Dörfern. Bei den Betsimisaraka mag der etwa bei den weiter südlich an der Ostküste lebenden Tanala übliche Brauch, Versammlungen nur für Frauen *(kabarin'ny vehivavy)* abzuhalten, bei denen Frauenangelegenheiten besprochen wurden – um beispielsweise über gegen Frauen begangene Verbrechen zu urteilen[31] –, gegolten haben oder auch nicht: Es ist jedenfalls extrem ungewöhnlich, dass Frauen von politischen Diskussionen vollkommen ausgeschlossen wurden.

Die Passage ist durchgestrichen, weil sie offensichtlich nicht der Wahrheit entsprach, zumindest nicht in der verallgemeinernden Form: Frauen nahmen nicht nur an Alltags-, sondern auch an Dorf-*kabary* teil, bei denen Themen von öffentlichem Interesse diskutiert, Verhandlungen geführt und Urteile gesprochen wurden. Doch es findet sich keine Spur von weiblicher Präsenz in irgendeiner der großen regionalen Versammlungen, die in Mayeurs Manuskript geschildert werden, solange es nicht um Sklaven ging, die gelegentlich als Geschenke präsentiert, durch Lösegeld freigekauft oder befreit wurden. Solche Versammlungen waren Bestätigungen des Vorrangs von Darafify gegenüber Mahao, des Vorrangs der traditionell männlichen Sphäre des Krieges.

EIDESLEISTUNG

Mayeur beschreibt dann, wie die Organisatoren dafür sorgten, dass alle Anwesenden sich nach Clanzugehörigkeit organisierten und die Rangfolge sich nicht an »Reichtum oder Macht«, sondern am Alter orientierte, wobei jeder Clan einen *mpisaka,* einen Stab, mit sich führte, dessen Träger in der Versammlung das Rederecht erhielt.

Ratsimilaho nahm sich den Stab seines eigenen Clans und sprach zu der versammelten Menge, die er aufforderte, sich die Kontrolle über das Land zurückzuholen, das an sie weitergegeben worden sei von den Ahnen, deren Gräber gegenwärtig von den Tsikoa entweiht würden.

> »Er beendete seine lange Ansprache mit einer eindrucksvollen Aufzählung der großartigen Vorräte, die sein Vater ihm in Form von Waffen und Munition überlassen habe, unbezahlbaren Dingen, die im Denken dieser Menschen die wichtigste Quelle aller Macht und allen Wohlstands sind.
>
> In der Erinnerung der Menschen hatte keine wichtigere Überlegung jemals ihre Gedanken beherrscht; jeder Anwesende sah sich imstande, seine Ansicht vorzutragen; einige von ihnen, denen der Gedanke, gegen eine Amtsgewalt zu kämpfen, die zwar widerrechtlich angeeignet, aber dennoch stark gefestigt war, Furcht einflößte, neigten zu einer friedlichen Lösung; andere zeigten sich empfindlich gegenüber dem Unglück, von dem sie ihr Volk befreit sehen wollten, fürchteten aber die Auswirkungen, die diese innere Uneinigkeit auf das Gedeihen

> ihres Handels mit den Weißen haben könnte. Wieder andere, und das war die größte Zahl, lobten begeistert den Krieg, atmeten nichts als Krieg und versprachen die günstigsten Ergebnisse. […] Ihre Meinung setzte sich durch. Der Krieg wurde schließlich einstimmig beschlossen, und der Oberbefehl über die Antavaratra [das Volk des Nordens] wurde Ratsimilaho übertragen.«

Die Entscheidung wurde durch einen langen Prozess der Konsensbildung erreicht (die Organisatoren hatten provisorische Hütten errichtet, weil sie damit rechneten, dass die Beratungen mehrere Tage dauern würden), und letztlich wurde Ratsimilaho zum *filohabe* gewählt, zum Oberkommandierenden eines Bündnisses des »Volkes des Nordens«. Wenn man Mayeurs Bericht glauben kann, beriefen sich die dabei vorgebrachten Argumente nicht auf abstrakte Grundsätze, sondern nur auf das angestammte Recht: Es gehe um das Land der Vorfahren, das durch die Anwesenheit der Fremden entweiht werde, um ihre Gräber, die durch das Betreten wortwörtlich entweiht würden, um die mit den Schädeln geopferter Rinder geschmückten Gedenkstelen, die umgeworfen worden, und um die Schädel, die mit Erde bedeckt worden seien.

Bis hierhin wirkt all dies sehr traditionell, wobei festgehalten werden sollte, dass es eine gängige madagassische Praxis ist, sich auf das überlieferte Brauchtum zu berufen, wenn etwas radikal Neues ins Werk gesetzt wird. Die echte Innovation erfolgte mit dem Ritual, mit dem das neue Bündnis besiegelt wurde.

> »Sobald der letzte *mpisaka* seine Rede beendet hatte, kam eine Gruppe von Männern heraus, die einen Korb

> mitführte. Er stellte ihn in die Mitte der *kabary*. In sein *simbo* (Lendentuch) eingewickelt waren Feuersteine für Gewehre, Bleikugeln, Schießpulver, ein paar zerriebene alte Stücke von Tontöpfen oder Tellern, die vom Markt stammten, ein paar Stückchen Gold und Silber, entweder in roher oder in Münzform, und etwas Ingwer. Er nahm eine gewisse Menge von Feuersteinen, Kugeln und Pulver, das er mit weiterem, von den Oberhäuptern der Antavaratra mitgebrachtem Pulver vermischte, gab ein Voule – ein Bambus-Maß – Wasser dazu, das aus dem nahen Fluss entnommen worden war, vermischte alles mit einer Messerspitze und forderte dann alle Oberhäupter auf, näherzutreten. […]«

Alle Oberhäupter erhielten einen kleinen Schnitt in die Magengrube; das austretende Blut wurde mit einem Stück Ingwer gesammelt, und jeder der Beteiligten nahm sich vom Schild einen Löffel mit der Mixtur und erklärte: »Wir werden dir gehorchen, Kind von Tham.«[32]

> »›Gib uns das Erbe unserer Vorfahren wieder, gib uns unsere Häfen wieder, gib uns den Handel mit den Weißen wieder.‹ Das wurde so oft wiederholt, dass es der Zahl der aufgerufenen Oberhäupter entsprach, die den Eid schworen. Dann nahm Ratsimilaho den Trank zu sich: ›Ich schwöre‹, fuhr er fort, ›dass ich euch das Erbe eurer Vorfahren wiedergeben werde, ich werde euch die Häfen und den Handel mit den Weißen wiedergeben, ich werde euch die Gräber eurer Ahnen wiedergeben. Eure Frauen und Kinder werden nicht mehr an Bord der Schiffe der Weißen genommen werden, eure Ehemänner

werden nicht mehr auf dem Sand des Meeres geopfert werden, verbrannt vom Feuer der Fackeln der Tsikoa oder durchbohrt von den Speeren der Tsikoa.‹
Sobald der Eid gesprochen war, ergriff der Eidesverwalter in energischem Tonfall erneut das Wort: ›Mögen die Feuersteine eurer Feinde ohne Feuer sein, möge ihr Pulver nicht zünden, mögen ihre Kugeln euch niemals treffen; möge es euch niemals an Töpfen oder Pfannen fehlen, in denen ihr euer Essen kocht! Möge das Vieh auf euren Weiden zahlreich sein, möget ihr Reis im Überfluss in euren Häusern haben!‹ Er schnitt den mit Blut getränkten Ingwer in ebenso viele Stücke, wie Oberhäupter anwesend waren, und gab jedem ein Stück, das der Empfänger hinunterschluckte. ›Ihr habt den Trank des Wohlergehens *[rano masina]* zu euch genommen, und jetzt esst das machtvolle Brot der Bruderschaft.‹ Jeder streckte eine Hand aus und kehrte dann an seinen Platz zurück.«

Die meisten dieser Einzelheiten – der Ingwer, das Vermischen des Blutes, die symbolischen Zeichen – sind für jeden Menschen, der mit der Literatur über madagassische Eidesleistungen und Verwünschungen vertraut ist, sofort erkennbar. Politische Eide folgten üblicherweise derselben Logik wie das Ritual der *fatidra,* der Blutsbrüderschaft, und, bis zu einem gewissen Grad, wie das der Gottesurteile.[33] In jedem Fall riefen die beteiligten Parteien einen Geist an, der im Wesentlichen durch die Beschwörung erzeugt und als eine fremde, unsichtbare Macht der Gewalt begriffen wurde, deren Wesen man letztlich nicht kennen konnte. Diese Macht wurde beschworen und sollte jeden, der gegen die neu eingegangene

Verpflichtung verstieß, mit schrecklichen Strafen heimsuchen. In den ausführlicheren Versionen gehörten zu dieser Beschwörung auch der Tod und die entsetzliche Verstümmelung eines Tieres, dessen Kadaver zur Schau gestellt wurde, als Verkörperung des Schicksals eines jeden, der sich nicht pflichtgemäß verhielt.

Eine der frühesten Schilderungen, die wir von einer Zeremonie dieser Art besitzen, findet sich in Johnsons *General History of the Pyrates*. Dort geht es um ein Bündnis zwischen Nathaniel North, dem Kapitän der Piraten in Ambonavola, und einem madagassischen Fürsten, über den nichts Weiteres mitgeteilt wird – ein Bündnis, das nur wenige Jahre vor Ratsimilahos großer *kabary* geschlossen worden sein muss, und zwar auf nahezu genau diese klassische Art, bei der die beteiligten Parteien ihre Hände durch ein Ineinanderhaken der Finger miteinander verbinden und auf jeden Eidbrüchigen fürchterliches Unglück herabwünschen.[34]

*

Berichte über solche Bündnisse scheinen zu einem eigenständigen Genre der mündlichen Überlieferung geworden zu sein. Mayeur schreibt, die Beratungen bei der großen *kabary*, die zur Gründung des Betsimisaraka-Bündnisses führten, seien die berühmtesten dieser Art, an die seine Informanten sich erinnern könnten, und an einigen Stellen gibt er auch ein paar Schnipsel des argumentativen Hin und Her wieder, aber weitaus größeren Raum widmet er den Einzelheiten der Eidesleistungen – und man muss davon ausgehen, dass sich darin widerspiegelt, was den Informanten im Gedächtnis geblieben ist und nach ihrem Empfinden berichtenswert war. Die gesprochenen Worte und die damit verbundenen Gesten waren zugleich Unabhängigkeitserklärungen und Verfassungsdokumente. Durch sie wurden wortwörtlich neue Realitäten geschaffen, im Sinn einer ins Leben gerufenen Existenz.

Wenn dies der Fall ist, dann ist es von besonderer Bedeutung, dass die von Mayeur berichteten Rituale der Eidesleistung – und nicht nur diese, sondern auch ähnliche, über die später im Prozess der Entstehung des Betsimisaraka-Bündnisses berichtet wurde – in auffälliger Weise vom üblichen Vorbild abwichen. Zwei Hauptunterschiede sind festzustellen.

Zuallererst sind sie eindeutig eine Synthese von traditionellen madagassischen und Piraten-Ritualen der Eidesleistung. Wir haben die Textstelle bei Downing bereits zitiert, wo madagassische Clan-Oberhäupter auf Sainte Marie ihren Gästen ein mit Schießpulver vermischtes Glas Wasser als Getränk vorsetzen, »welche Ceremonie die Inwohner von den See-Räubern gelernt«.[35] Zu diesem Ritual gehört nicht nur Schießpulver, es kommen auch noch Feuersteine und Musketenkugeln hinzu; aber das Schießpulver ist zweifellos der wichtigste Bestandteil, wie die Tatsache belegt, dass es das einzige Requisit ist, zu dem jedes der Oberhäupter einen eigenen Anteil beiträgt.

Zweitens nehmen die Eide nicht die übliche Form an, bei der irgendein unbekannter Geist angerufen und gebeten wird, jeden zu bestrafen, der den Eid bricht, und keines der symbolischen Objekte bezieht sich auf Unglücksfälle, die durch den Eid gebundene Personen treffen sollen, wenn sie so handeln sollten. Das ist äußerst ungewöhnlich. Mir ist kein anderer Bericht über eine madagassische *fatidra* (Ritual der Eidesleistung) bekannt, einschließlich aller Varianten, die ich bei meiner eigenen Feldforschung miterlebt oder von denen ich gehört habe, bei dem das Heraufbeschwören solcher Unglücksfälle keine zentrale Rolle gespielt hätte – von einem völligen Verzicht darauf ganz zu schweigen. Hier ruft die Beschwörungsformel Unglücksfälle aller Art nur auf die Feinde der Verbündeten herab, ganz ähnlich wie bei vielen madagassischen Zaubersprüchen, die den Umgang mit Schusswaffen betreffen *(ody basy),*[36] und verlangt danach, dass die Musketen der Feinde versagen; und dann, (beispielsweise) wie bei einem Opfer, wünscht sie allen, die sich daran beteiligen, Gesundheit und Wohlstand. Keines dieser Elemente ist üblicherweise in politischen Verträgen zu finden. Dies kann nur als eine Variante der Mitteilung gedeutet werden, dass das beim aktuellen Vorgang zu schaffende politische Gemeinwesen grundsätzlich keine Zwangsgemeinschaft ist, was selbst für die freiwillige Übernahme von Verantwortlichkeiten gilt, die zum Zwang werden, sobald man sie übernimmt – ein Gesellschaftsvertrag im klassischen Sinn –, sondern die kollektive Umwandlung zerstörerischer Macht (Schusswaffen und Schießpulver) in eine Kraft des kollektiven Wohlstands und Wohlergehens.

Während die meisten madagassischen politischen Verträge – wie auch viele afrikanische – diese klassischen Formen eines Gesellschaftsvertrags annahmen,[37] wirkte der Betsimisaraka-Vertrag, jedenfalls so, wie ihn Mayeur beschreibt, wie ein kalkulierter Abschied, wie ein Versuch, Gewalt nicht in eigener Sache anzuwenden, um die gesellschaftliche Ordnung aufrechtzuerhalten, sondern sie in etwas völlig anderes umzuwandeln.

Man sollte diesen Gedanken vielleicht nicht zu weit treiben, denn bei der nächsten Gelegenheit, bei der solche Eide geleistet wurden, fehlten zwar die neuen Elemente nicht (die gegen Feinde gerichteten Verwünschungen, die Beschwörung kollektiven Wohlstands und kollektiver Fruchtbarkeit), doch am Schluss wurde ein Fluch angefügt.

Wir machen jetzt in der Erzählung einen raschen Sprung nach vorn.

Die neugegründete Armee rückte gegen den Hafenort Fenoarivo vor, der durch einen Palisadenzaun geschützt war, und belagerte ihn. Nach einigen anfänglichen Gefechten wurde den Tsikoa – welche die ausgedehnten Felder in der Marschlandschaft nahe der Stadt offensichtlich für den Anbau von Reis genutzt hatten, den sie an Schiffsbesatzungen verkauften, die hier Station machten – ein falsches Gefühl der Sicherheit vermittelt; bei der Reisernte gerieten sie in einen Hinterhalt, was Ratsimilaho die Gelegenheit verschaffte, einen Spottnamen für die Tsikoa zu prägen: die Betanimena, der »Große Rote Schlamm«, wegen der roten Erde, die an ihren Körpern klebte, als sie flohen. (Dieser Beiname ist ihnen seitdem geblieben.) Nachdem ein geschicktes, gegen Vohimasina gerichtetes Täuschungsmanöver den Männern aus dem Norden die Erstürmung des Ortes ermöglichte, saß Ramangano in seiner Hauptstadt auf dem Berg in der Falle, geriet bei der Aufrechterhaltung seiner Nachschublinien in zunehmende Schwierigkeiten und sah sich schließlich gezwungen, um Frieden zu bitten. Er bot die Abtretung von Fenoarivo und Ambonavalona an, wollte aber die Kontrolle über Tamatave, die südlichste Hafenstadt seines Herrschaftsgebiets, behalten.

Eine weitere Große Kabary wurde abgehalten, bei der es Ratsimilaho gelang, die noch zögernden *mpanjaka* zur Annahme des Abkommens zu bewegen – indem er ihnen versprach, dass es sofort wieder zum Krieg käme, falls Angehörige der Betsimisaraka in Tamatave auf irgendeine Art schlecht behandelt würden. Ratsimilaho wurde von den Betanimena in dem aus dieser Einigung hervorgehenden Vertrag als »König von Foulpointe« (Mpanjaka von Ambonavola) anerkannt; zugleich machten ihn die Betsimisaraka auf unbestimmte Zeit zum Oberkommandierenden für den Kriegsfall, was bedeutete, dass er bei einem neuerlichen Konflikt den Feldzug gegen die Betanimena leiten würde.

Bevor die *mpanjaka* aus dem Norden nach Hause zurückkehrten, organisierten Ratsimilaho und seine Gefährten in Ambonavola eine abschließende *kabary*, bei der die genauen Rechte und Pflichten, die sich aus seinem neuen Amt als »dauerhafter Oberbefehlshaber« ergaben, festgelegt werden sollten. Mayeurs Text sagt einmal mehr nichts Genaues über die politischen Vereinbarungen, sondern verweilt stattdessen in einiger Ausführlichkeit bei den Einzelheiten des Rituals.[38]

Zunächst verkündet einer der versammelten *mpanjaka* (der Autor sagt uns nicht, welcher), dass Ratsimilaho zum Herrscher auf Lebenszeit werden sollte, und das mit dem Recht, seinen Rang unter dem Namen Ramaromanompo (»Derjenige, dem viele dienen«) an seine Nachkommen weiterzugeben, und dass alle hier Anwesenden künftig als Betsimisaraka bezeichnet werden sollten. Dies alles war zweifellos vorab arrangiert worden, denn

»der Redner hatte seine Ansprache eben erst beendet, als der Eidesverwalter mit dem Schild erschien, der Gold, Silber, Schießpulver und Ingwer enthielt, die als Siegel dienen sollten. Alle Mpanjaka kamen herbei. Er brachte ihnen den Schnitt in der Magengrube bei. Er fing das Blut mit dem Ingwer auf, goss Wasser in den Behälter und mischte den Trunk; dann klopfte er auf den Schild, um den vertragschließenden Parteien anzuzeigen, dass sie ihre Speerspitzen eintunken sollten, trat zwei Schritte zurück, straffte seinen Körper, sah zum Himmel auf und sprach diese Worte …

›Guter Gott, der über allem Guten steht, Menschen beschützende Geister, gute Seelen unserer Ahnen, seid Zeugen des Bündnisses, das diese große Zahl von Menschen schließt, die zu Euch beten, damit Ihr huldvoll auf diejenigen blickt, die ihm die Treue halten werden, und diejenigen verstoßt, die es missachten.‹

Diejenigen, die diesen Anrufungs-Eid leisteten, hielten einander an den Händen, sie standen Fuß an Fuß und sprachen kein Wort miteinander. Als die Eidesformel gesprochen war, gab man ihnen die Ingwerstücke zu essen. Dann bot man ihnen den auf dem Schild zubereiteten Trank dar, von dem jeder drei Löffel voll zu sich nahm. Der Zeremonienmeister begann mit Ratsimilaho und sagte mit lauter Stimme, während er ihm den Trank reichte: ›Kind Andriamisoas, du trinkst in der Gegenwart Gottes und deiner Vorväter Liebe zu deinem Volk, Freundlichkeit und Schutz. Ihr Oberhäupter, ihr trinkt Gehorsam und Loyalität; mögen euch große Reichtümer zuteil werden, wenn ihr treu seid. Möge das Schießpulver eurer Feinde wirkungslos bleiben und ihre Feuer-

> steine ohne Funken; mögen ihre Kugeln euch niemals treffen. Mögen eure Reisfelder vom Meeresstrand bis zum Gipfel des Berges Ambohitsimena reichen, mögen eure Herden weite Ebenen bevölkern, mögen eure Kinder so zahlreich wie das Blattwerk der Bäume sein. Möge es euch niemals an Wasser mangeln oder an Töpfen und Pfannen, um euer Essen zu bereiten.‹ Dieses Bittgebet wurde ebenso oft wiederholt, wie Parteien anwesend waren, die den Eid leisteten.
>
> Als alle getrunken hatten, wurde der Schild auf dem Boden abgelegt; und jetzt wurde ebenso oft wiederholt: ›Mögest du aufgespießt werden; mögen deine Knochen in einen Sack eingenäht werden, wenn du das Bündnis nicht bewahrst.‹ Nach der Verwünschung, mit der die Zeremonie endete, hakten sich alle Anwesenden bei ihren Nachbarn unter, um mit diesem gemeinschaftlichen Zeichen des Wohlwollens Zeugnis abzulegen, dass sie Brüder seien und für alle Zeiten Freunde bleiben wollten.«[39]

Die Form der Verwünschung und das Zusammenschließen der Arme bzw. Hände ist nahezu identisch mit dem Blutsbrüderschafts-Ritual, wie es Johnson für den ebenfalls in Ambonavola lebenden Kapitän North und seine madagassischen Verbündeten beschreibt. Auf die Eide folgte die Opferung von 20 Ochsen, und dann betraten Frauen das Lager, um die feierlichen Tänze anzuführen, und Männer kamen, um Loblieder auf diejenigen zu singen, die im Krieg umgekommen waren.

An diesem Punkt geschieht in Mayeurs Text etwas sehr Merkwürdiges. Er begann das Kapitel zwar mit der ausdrücklichen Feststellung, die Versammlung sei einberufen worden, um die genauen Machtbefugnisse des neuen Königs abzuklären (weil die Bezeichnung als dauerhafter Oberbefehlshaber andernfalls »nur ein Titel« wäre, »ohne dass die damit verbundenen Befugnisse erklärt wurden«), doch sobald er das Ritual vollständig beschrieben hat, scheint er seine Meinung zu ändern: Er fügt stattdessen einen Abschnitt ein, in dem er schlicht erklärt, dass Macht für die Madagassen etwas wesenhaft Absolutes sei und nur vom Ermessen und Charakter des Königs begrenzt werde.[40]

Das klingt unaufrichtig, allerdings ist schwer zu beurteilen, ob dieses Urteil für Mayeur selbst oder für seine Informanten gelten soll. Es ist außerordentlich unwahrscheinlich, dass Ratsimilaho derart unumschränkte Machtbefugnisse erhielt – selbst in Mayeurs Text heißt es, er habe denselben Eid geschworen wie alle anderen Beteiligten –, auch wenn dies mit Mayeurs hartnäckig vorgetragener Behauptung übereinstimmt, das Betsimisaraka-Bündnis sei insgesamt nur von Ratsimilahos außergewöhnlichen persönlichen Fähigkeiten getragen worden. Es scheint sich vielmehr eher so zu verhalten, dass die tatsächlichen Verhandlungen und die genaue Beschreibung der Machtbefugnisse, die es formell oder informell gegeben haben muss, einfach weggelassen werden – oder dass einige der Ergebnisse allenfalls ins vorletzte Kapitel abgeschoben werden, das darstellt, was für Ratsimilahos Herrschaftsstil kennzeichnend ist.[41] Er gestattete zum Beispiel jedem bereits amtierenden *mpanjaka,* an seinen Machtbefugnissen festzuhalten, wie es der örtlichen Tradition entsprach, gab aber auch allen das Recht, eine *kabary* einzuberufen, an der sich der König beteiligte und bei der jede unbeliebte Verfahrensweise oder Entscheidung abgeschafft werden konnte.

Dennoch bleibt die Frage: Ist der Widerspruch in Mayeurs

Bericht ein Ergebnis der eigenen Verwirrung des Autors, oder zeigt sich darin eine grundsätzlichere Spannung innerhalb des Gemeinwesens der Betsimisaraka? Meiner Ansicht nach verweisen die vorhandenen Belege eindeutig auf die letztere Möglichkeit. Auch die madagassischen Quellen betonen oft, dass Monarchen per definitionem unumschränkte Macht haben. Es ist deshalb kein Wunder, dass Ratsimilahos alte Gefährten im Gespräch mit Ausländern, wie Mayeur einer war, hervorhoben, dass das auch für Ratsimilaho gelte. In der Praxis war das keineswegs der Fall.

An diesem Punkt nimmt der Bericht eine weitere unerwartete Wendung: Ratsimilahos abschließende Handlung an diesem Tag bestand darin, mehrere prominente Malata, Kinder von Piraten wie er selbst, aufzurufen, sie mit Geschenken zu überhäufen und ihnen dann im persönlichen Gespräch zu versichern, dass er kein Interesse daran habe, irgendetwas an ihrer aktuellen Lebenssituation zu verändern. In Wirklichkeit hatte kein einziger Malata an einer von Ratsimilahos großen *kabary* teilgenommen oder sich am darauf folgenden und sieben Jahre andauernden Krieg beteiligt. Mayeur spricht häufig von der »Eifersucht« und den »Intrigen« der anderen Malata und von Ratsimilahos Sorge, dass sie sich auf die andere Seite schlagen könnten.[42] Der Bericht macht allerdings deutlich, dass der privilegierte Status der Malata bereits bestand und vom Tsikoa-Bündnis eingerichtet worden war, auch wenn die Malata zu jenem Zeitpunkt keine eigenständige Gruppe mit entsprechendem Zusammenhalt bildeten – auch das ist keine Überraschung, wenn man bedenkt, dass die Ältesten unter ihnen mittlerweile allenfalls Anfang 20 waren. Warum maßen die Organisatoren des neuen Bündnisses dann einer Gruppe, deren wirtschaftlicher und militärischer Stellenwert zu diesem

Zeitpunkt nicht besonders groß war, eine solche Bedeutung bei?

*

Meiner Ansicht nach ergibt das nur dann einen Sinn, wenn wir den in diesem Buch entwickelten umfassenderen Kontext berücksichtigen. Das erste Ergebnis des Auftauchens der Piraten war, wie wir bereits gesehen haben, dass eine große Zahl ehrgeiziger Frauen, die wohl mehrheitlich prominenten Lineages entstammten – deshalb konnten sie sich, ebenso wie die örtlichen Anführer sich als *mpanjaka* oder »Könige« bezeichneten, ihrerseits »Fürstinnen« nennen –, die Möglichkeit erhielt, ihren Reichtum und ihre persönlichen Verbindungen eigenständig zu verwalten und, gemeinsam mit den Piraten, die Hafenorte zu errichten, die dann die weitere Geschichte der Küstenlandschaft dominieren sollten. Ein Teil dieses Vorhabens bestand darin, die Macht der Zafy Ibrahim zu brechen, die zuvor die Rolle der Mittelsmänner innegehabt hatten.

Ratsimilaho war natürlich selbst der Sohn einer derart ehrgeizigen Mutter – die auffälligerweise in Mayeurs Geschichte niemals auftritt (obwohl es keinen Grund für die Annahme gibt, sie sei zu diesem Zeitpunkt bereits nicht mehr am Leben gewesen). Wenn die Frauen der Piraten das langfristige Ziel verfolgten, ihre Kinder zur neuen Vermittler-Kaste eingebürgerter Außenseiter zu machen und die Zafy Ibrahim vollständig zu verdrängen, würden diese Kinder noch sehr wichtig werden – und der Schlüssel zum Erfolg wäre, dass man dafür sorgte, dass sie mehrheitlich untereinander (oder eben andere Ausländer) heirateten. Genau dies geschah letztlich auch, und man kann sagen, dass die Tsikoa das Vorhaben bereits gebilligt hatten, indem sie den Malata-Kindern besondere Vorrechte zugestanden und Ratsimilaho sogar als Teil davon anerkannten (weil er in Ambonavola irgendein Amt ausgeübt zu haben scheint). Ratsimilaho schob dies beiseite, als er die Tsikoa herausforderte, indem er sich zum Clan seiner Mutter bekannte und gemeinsame Sache mit anderen *mpanjaka* der Betsimisaraka machte, mit dem Ziel, die Vorstellung vom neuen Bündnis zu entwickeln. Aber bei den Verhandlungen mit »den Malata« sah es zu diesem Zeitpunkt ganz danach aus, als verhandelte er indirekt mit den noch verbliebenen Piraten und ihren Ehefrauen, indem er ihnen zusicherte, er werde dieses Projekt der Schaffung einer neuen Aristokratie nicht aufgeben.

Die plausibelste Lesart ist dann, dass die ständige Erwähnung der Eifersucht (»jalousie«) der Malata und ihrer Machenschaften (»menées«) hinter den Kulissen sich nicht auf die Malata selbst bezieht, die mehrheitlich immer noch keine 20 Jahre alt waren, ja nicht einmal auf ihre Väter, die das Vorhaben als stille Beobachter unterstützt zu haben scheinen, sondern auf ihre Mütter, die von der Teilnahme an den verschiedenen Großen Kabary ausdrücklich ausgeschlossen worden waren.[43] Indem Ratsimilaho den Versuch unternahm, die ältesten unter ihren Söhnen direkt anzusprechen, wollte er die Mütter vielleicht umgehen, zugleich aber auch – und sei es indirekt – kooptieren.

Die anschließenden Ereignisse bestätigen diese Interpretation.

*

Nach einer kurzen Atempause flammte der Krieg erneut auf. Ein als Fariavahy bezeichneter Clan beklagte sich über die in Tamatave erfahrene Behandlung; nach einem gescheiterten Vermittlungsversuch mobilisierten beide Seiten jeweils eine gewaltige Streitmacht und machten sich an Verhandlungen mit potenziellen Verbündeten. Ein Krieg brach aus, der viele Jahre andauern sollte. Er endete erst 1720 nach einer langen Belagerung von Varangarombato, einem befestigten Ort der Betanimena.

Dieser Krieg verlief nach Mayeurs Darstellung ganz anders als frühere militärische Konflikte im Nordosten, weil sowohl Ratsimilaho als auch Ramangano sich moderner Vorgehensweisen bedienten, die sie von den Europäern entliehen hatten: Während frühere Kriege weitgehend aus nächtlichen Überfällen *(tafikamainty)* bestanden hatten, setzten die verfeindeten Bündnisse jetzt auf koordinierte, bei Tageslicht ausgeführte Manöver, die Errichtung befestigter Orte und auf Methoden des Belagerungskrieges. Bei vielem davon scheint es sich um Erweiterungen der militarisierten Formen des Handels gehandelt zu haben, die an der Küste bereits üblich waren. Ein großer Teil der Kriegshandlungen besteht aus Blockaden, dem Abfangen von Schiffsladungen mit Reis, Vieh, Waffen und Munition und deren Transport in belagerte Ortschaften und zu militärischen Stützpunkten sowie dem Zusammenziehen von Armeen, die nach Mayeurs – zweifellos übertriebenen – Behauptungen bis zu 10 000 Männer zählten und längere Feldzüge unternehmen sollten. Es hätte einer äußerst anspruchsvollen Logistik bedurft, um auch nur mehrere Tausend Männer für einen längeren Zeitraum angemessen auszurüsten und zu verpflegen.

Musketen spielen in diesem Krieg eine besondere Rolle.

Ratsimilahos großer Vorteil war sein persönlicher Besitz von 200 Musketen, die er zu Kriegsbeginn nach vorheriger sorgfältiger Auswahl an Vertreter eines jeden Clans ausgab. Außerdem bestand die einzige Form, in der sich die Piraten in den anschließenden Krieg einmischten – wenn man dem Abbé Rochon glauben kann –, aus der Behauptung, beide Seiten zu beliefern, aber in Wirklichkeit nutzten sie die Gelegenheit, überteuerte Schusswaffen gegen Gefangene einzutauschen und auf diese Art Kriegsgefangene der Betsimisaraka auszulösen.[44] Dennoch ist es wichtig, die tatsächliche Rolle von Feuerwaffen in diesem Konflikt zu verstehen.

Wir sind bereits über die wichtige Rolle informiert worden, die einzelne Bestandteile von Musketen (Feuersteine, Schießpulver, Kugeln) bei Ritualen einnahmen: So wie mit Reis gefüllte Hörner als Friedensangebote verschickt wurden, überreichte man den Feinden Feuersteine und Kugeln als Symbole für feindliche Absichten. Eine Kombination aus beidem (Teile von Musketen und Wohlstandssymbole) fand bei Eidesleistungen Verwendung.

Fanafody im üblichen Sinn – Zaubersprüche, die denjenigen, die sie kennen, wundersame Kräfte verleihen – fehlen, wie bereits gesagt, in Mayeurs Bericht völlig, obwohl sie bei Kriegen auf Madagaskar nahezu universelle Verwendung fanden und in anderen Kontexten gut dokumentiert sind. Er verzichtet auch auf die Erwähnung der Zafy Ibrahim, Antemoro, Zafi-Raminia oder irgendeiner der anderen Gruppen, von denen wir wissen, dass sie in der Region aktiv und auf solche Angelegenheiten spezialisiert waren. All dies ergibt jedoch einen Sinn, wenn die Gründer des Betsimisaraka-Bündnisses versuchten, eine männlich geprägte Sphäre der Krieger zu schaffen, und das in auffälligem Gegensatz zur femininen

Sphäre, die die Piraten umgab (abermals Darafify versus Mahao).

Meiner Ansicht nach kann man durchaus sagen, dass Schusswaffen in diesen Berichten die Rolle von *fanafody* übernehmen. Musketen *waren* in einem sehr realen Sinn Zaubersprüche. Sie waren genauso rätselhaft, fremdartig, unberechenbar und gefährlich. An dieser Stelle ist es wichtig, zu betonen, dass die zur damaligen Zeit auf Madagaskar verfügbaren Feuerwaffen extrem unzuverlässig waren. Europäische Händler neigten dazu, an Nichteuropäer minderwertige Bestände abzugeben; das tropische Klima machte den Einsatz dieser Waffen noch unzuverlässiger; die Musketen feuerten oft überhaupt nicht, oder es kam zu katastrophalen Fehlzündungen und Ladehemmungen. Der Einsatz einer solchen Waffe im Gefecht ähnelte sehr stark einem Würfelspiel: Sie konnte einen Feind aus der Distanz mit einer auf andere Art nicht zu erreichenden Geschwindigkeit und Kraft vernichten; sie konnte einem aber auch in der eigenen Hand explodieren.

Musketen wurden auch aus diesem Grund oft vor militärischen Marschkolonnen auf eine Art hergetragen, die ansonsten einem *ody* oder *sampy,* einem Schutzzauber, entsprach, und oft beschränkte sich ihr Einsatz auf einen Schuss in die Luft vonseiten der Anführer, um den Beginn der Feindseligkeiten anzukündigen, oder erste Salven, bevor die Armeen mit Wurfspeeren oder langen Spießen, *sagayes,* zum Nahkampf übergingen.[45] Ratsimilaho scheint als Oberbefehlshaber einige Neuerungen eingeführt zu haben, insbesondere die Konzentration des Feuers auf die Verteidiger von Befestigungen, um den eigenen Kämpfern, die solche Brustwehren stürmten, Feuerschutz zu geben,[46] eine Taktik, die er von den

Piraten gelernt zu haben scheint.[47] Aber gekämpft wurde nach wie vor weitgehend Mann gegen Mann.

Während die Kriegsstrategie sich weitgehend darauf konzentrierte, Nachschublinien aufrechtzuerhalten oder zu unterbrechen – was effektiv für regen Handel sorgte –, wurde weiterhin der klassisch-heroische Kampf geführt, voller individueller Heldentaten, Duelle, mit dem Austausch persönlicher Herausforderungen und Beleidigungen, ganz in der Art, wie man es in einem homerischen, isländischen oder Maori-Epos erwarten würde. Deshalb möchte ich hier keinen Bericht über das Hin und Her von Feldzügen und Bündnissen liefern, sondern eine Schilderung anbieten, die ein Gefühl für die Stimmungslage vermittelt, die das Gesamtgeschehen prägte.

HEROISCHE KRIEGFÜHRUNG

Ein junger Mann namens Andriamahery aus dem Fariavahy-Clan war in den Anfangstagen der Belagerung von Varangarombato der geschickteste und meistgefeierte Krieger der Betsimisaraka.

> »Seine Gewandtheit in der Handhabung des Sagaye und seine Reichweite mit dem Wurfspeer, sein Geschick beim Einsatz europäischer Feuerwaffen und vor allem anderen sein Mut und seine Furchtlosigkeit machten ihn für die Betanimena zu einem furchterregenden Gegner. Es gab keine Angriffe, keine Schlachten, in denen er nicht zeigen konnte, dass er nach Ruhm strebte und den Wunsch hatte,

ein Bündel Speere zu erringen, die er bei seiner Rückkehr den geliebten Angehörigen zu Füßen legen konnte. Diese starken Motive sorgten dafür, dass er immer seinen Platz in der ersten Reihe hatte. Wer ihm folgte, konnte des Sieges sicher sein; wer sich ihm entgegenstellte, bezahlte dies mit einer Niederlage oder dem Tod. Dieser madagassische Hektor hatte seinen Achilles noch nicht gefunden, und Ramangano hatte aufgehört, die Betanimena zu zählen, die seine Arme erschlagen hatten.«[48]

Andriamahery, hielt Mayeur fest, hatte den Treueeid noch nicht geleistet, aber er war so loyal, dass Ratsimilaho ihm ohne weitere Erklärung vertraute. Eines Tages befahl er ihm einen Scheinangriff gegen eine der befestigten Stellungen auf dem Berg, während er selbst mit der Hauptstreitmacht ausrückte, um eine Nachschubkolonne abzufangen.

»Der Fürst ging. Andriamahery gehorchte. Der Angriff begann. Der Befehlshaber der Stellung, ein Mann von großem Mut und bereits fortgeschrittenem Alter namens Mandrirezy, sah den leidenschaftlichen Andriamahery an der Spitze seiner Männer, der alles beiseiteräumte, was ihm im Wege stand; Mandrirezy war ungehalten, weil ihn eine im letzten Kampf erlittene Wunde daran hindern könnte, dem Angreifer selbst entgegenzutreten. Vier seiner Männer waren bereits gefallen. Drei weitere wurden geopfert, als sie die Befestigung überstiegen, ein vierter fiel hinter der Befestigung.
Mandrirezy konnte diesen Anblick nicht ertragen. ›Wilder Stier‹, sagte er, ›deine Hörner werden heute auf dem Boden liegen; sie werden an die Gedenkstelen von

Grabmalen der Betanimena geheftet werden!‹ So sprach er, nahm sich ein Bündel Wurfspeere und schleuderte sie aus der Befestigung heraus, dann stand er still und stützte sich auf seinen Langspeer.

Andriamahery erblickte ihn. ›Was tust du dort oben, alter Mann?‹, rief er ihm zu. ›Warum bist du nicht zu Hause und hältst Reden vor deiner versammelten Familie? Dorthin gehörst du. Sieh: Hier ist etwas, das dich bereuen lassen wird, nicht zu Hause geblieben zu sein.‹ Bei diesen Worten schleuderte sein starker Arm einen Speer; ein weiterer folgte; beide trafen Mandrirezys Schild. Ein dritter durchbohrte seinen Lendenschurz und brachte ihn in Verlegenheit. Mandrirezy zog ihn heraus.

›Warum?‹, gab er zurück, ›nun, hier ist der Grund.‹ Er packte den Speer und warf ihn zurück, gegen seinen Feind. ›Damit du Reden an die Toten halten kannst!‹«[49]

Diese Art der wechselseitigen Verhöhnung ist typisch für die Kriegführung von Helden, bei der oft alle weiteren Kampfhandlungen eingestellt werden, wenn zwei herausragende Krieger aufeinandertreffen. In diesem Fall geschah Folgendes:

»Der Wurfspeer flog, traf Andriamaherys Schild und fiel auf die Erde. Die beiden Kämpfer, denen jeweils nur der große Sagaye blieb, gingen wutentbrannt aufeinander zu und versetzten sich gegenseitig fürchterliche Stöße. Das Krachen ihrer Schilde war weithin zu hören. Der Kampflärm lockte eine große Menge von Kriegern herbei, die ihre Kämpfe aussetzten, um dieser Auseinandersetzung zuzusehen.«[50]

Das Geschehen nahm jedoch eine unerwartete Wendung, als Andriamahery bei einem wuchtigen Stoß strauchelte und in den Speer seines Gegners stürzte. Mandrirezy packte den Körper sofort und trug ihn über die Befestigung ins eigene Lager. Etwa zu diesem Zeitpunkt nahmen die Streitkräfte, die einander gegenüberstanden, wahr, dass unterhalb ihres Kampfplatzes ein weiterer Zweikampf stattfand: Ratsimilaho hatte in den Wäldern den Nachschubkonvoi von Betanimena-Kanus aufgespürt, war ungestüm in den Fluss gestürmt und musste nach einem Austausch von Hieben mit deren Anführer Ramangano selbst von den eigenen Leuten gerettet werden, nachdem er fast schon umzingelt war und eine Salve von Wurfspeeren nur noch mit einem beschädigten Rundschild hatte abwehren können.

Ratsimilaho, eben erst gerettet, erinnerte sich an den von ihm befohlenen Ablenkungsangriff Andriamaherys und eilte ins Lager zurück, wo er über den Tod seines Gefolgsmanns unterrichtet wurde.

> »Auf diese Worte folgte der Bericht über den Kampf mit tödlichem Ausgang, und alle von Rachedurst angetriebenen Vorhaben gerieten ins Stocken. Andriamahery braucht keine Hilfe mehr, aber Andriamaherys Leichnam muss im Grabmal seiner Ahnen bestattet werden. Er starb im tapfer geführten Kampf. Es wird noch eine Zeit kommen, in der auch die Betanimena seinen Tod beweinen werden; aber jetzt ist sein Leichnam in der Gewalt des Feindes, den wilden Tieren zum Fraß und dem Widersacher zum Gespött. Der Gedanke ist furchtbar; er verschlingt jedes andere Gefühl in der Seele des Helden. Er will nichts anderes, nur Andriamahery,

und schickt Gesandte aus, die seine Herausgabe verlangen.
Mandrirezy erwidert, dass Andriamahery ihm gehöre, weil er ihn besiegt habe; er werde ihn nicht herausgeben, ohne dafür ein Lösegeld zu erhalten.
›Was verlangst du?‹
›Einhundert Ochsen und zehn Sklaven.‹
›Du verlangst einen zu hohen Preis für dein Glück.‹
›Es war kein Glück, das mich zu ihm führte. Ich verlange einhundert Ochsen und zehn Sklaven, oder ich werde ihn zerteilen und die einzelnen Stücke verkaufen.‹
›Andriamahery hat keinen Vater mehr, keinen Bruder, nur seine Mutter und eine Schwester leben noch.‹
›Er gehört noch immer zum Fariavahy-Clan. Verachtung wird sie treffen, wenn sie ihn nicht auslösen.‹
›Ich bin weder Andriamaherys Vater noch sein Bruder. Ich bin kein Fariavahy. Doch ich werde ihn auslösen. Morgen bei Sonnenaufgang werde ich dir einhundert Ochsen und zehn Sklaven bringen.‹
›Versprich mir, dass du mir einhundert Ochsen und zehn Sklaven geben wirst.‹
›Ich verspreche sie dir.‹
›Und ich werde die Sklaven auswählen?‹
›Du kannst sie auswählen.‹
›Nimm Andriamahery mit. Der junge Mann war tapfer. Es war ein Unglücksfall.‹
›Also wird er zum Grabmal seiner Ahnen gebracht werden.‹«[51]

Es folgt eine Schilderung der Trauerfeierlichkeiten: Andriamaherys Mutter und Schwester,[52] die beide erschöpft waren, weil sie während des Kampfes dem traditionellen Betsimisaraka-Brauch gefolgt waren, zu tanzen, um den Männern Mut zu machen, schmückten, umgeben von Familienangehörigen und Sklaven, den Toten »mit Ketten, mit Ohrringen, mit goldenen Halsbändern, bestückt mit Korallen, die Ramaromanompo schickte«, hinzu kamen sieben Umhänge, und zwei Stunden vor Tagesanbruch betteten sie ihn zur vorübergehenden Ruhe in einen gespaltenen Baumstamm, begleitet von Trauergesängen und Lobpreisungen seiner Heldentaten, nachdem sie Mandrirezys Erlaubnis erhalten hatten, ihn an dem Ort zu bestatten, an dem er gestorben war.[53]

All dies zeigt, dass Frauen den Kampfplätzen nicht fernblieben; sie wurden nur so weit an den Rand des Geschehens abgedrängt, dass der Erzähler sich nur selten veranlasst sieht, sie zu erwähnen. Und die Tatsache, dass der Krieg jahrelang andauerte und dass eine so gewaltige Zahl von Menschen daran beteiligt war, konnte nur in einem allgemeineren Sinn auf das Machtgleichgewicht zwischen Männern und Frauen eingewirkt haben.

Was am darauffolgenden Morgen geschah:

> »Ramaromanompo erteilt den Befehl, dass die versprochenen einhundert Ochsen in den freien Raum zwischen den beiden Lagern getrieben werden sollen. Hinter ihnen gehen fünfzig Sklaven, aus denen Mandrirezy seine Auswahl treffen soll. Mandrirezy erscheint und führt die einhundert Ochsen in das von Palisaden umgebene Lager der Betanimena. Dann wählt er unter den Männern, die Gefangene sind, seine zehn Sklaven aus.
> ›Ich sehe, dass du dein Wort hältst‹, sagte er zu Ramaromanompo.

›Also werde ich eines Tages den Eid mit dir ablegen. So viel Reichtum für einen Leichnam, den die Würmer verzehren werden!‹

›Es ist für den Leib eines tapferen Mannes‹, erwiderte der Fürst. ›Er ist den Preis wert.‹

›Ich nehme deine Herden, weil ich Bedarf für sie habe; ich nehme deine Sklaven, weil sie meine Leute sind. Aber ich könnte die Kühe verkaufen, und ich könnte die Sklaven eintauschen. Ich verspreche sie dir für diese frisch ausgehobene Erde‹, und er wies mit seinem Finger auf das Grab von Andriamahery.

›Behalte die Ochsen und die Sklaven, sie sind der Preis für den Mut.‹

›Ich werde dir etwas zurückzahlen, weil ich wohlhabend bin; ich werde sie dir übergeben für Andriamaherys Familie, als Opfer an seinem Grab, weil ich weder das Opfermesser noch das Totenfest gesehen habe.‹

›Großzügiger Feind, eines Tages werde ich den Eid mit dir ablegen; das werde ich tun; ich werde dein Geschenk annehmen, und wir werden gemeinsam auf dem Stein der Erinnerung essen.‹

Nach diesen Worten gaben sich die beiden Helden die Hand und gingen auseinander. Jeder kehrte in sein Lager zurück; die Feindseligkeiten wurden während der Nacht ausgesetzt.«[54]

Großartige Gesten, großzügige Geschenke, all das gehört, ebenso wie die Prahlereien und die Duelle, zum Grundbestand heroischen Verhaltens, und Mayeur ist sich der Anspielungen auf Homer sehr bewusst (an einer Stelle bezeichnet er die beiden sogar als Achilles und Hektor). Aber die bloße

Tatsache, dass man sich noch 50 Jahre danach an diese Details erinnerte, macht deutlich, dass das Helden-Genre auf Madagaskar existierte und dass man sich an den Krieg als eine Zeit erinnerte, in der Einzelpersonen durch die bloße Kraft ihre persönlichen Fähigkeiten Taten vollbrachten, die dauerhafte Auswirkungen hatten. Die Ereignisse im Zusammenhang mit dem Tod von Andriamahery scheint man dabei für besonders wichtig gehalten zu haben, weil sie einen Ausblick auf die schließliche Versöhnung der beiden Völker gaben, der Betsimisaraka und der Betanimena, die zuletzt zu einem Volk werden sollten. Als Mayeur seine Erzählung mit dem Friedensschluss beendet, hält er pflichtschuldig fest, dass Mandrirezy zu diesem Zeitpunkt zwar bereits tot war, dass aber sein Sohn Zahimpoina das feierliche Versprechen seines Vaters erfüllte und einhundert Rinder übergab, als Entgelt für die Überführung des Leichnams und die Erneuerung des Fariavahy-Grabmals und des Steines der Erinnerung.[55]

Die Geschichte beginnt und endet mit Grabmalen: Ratsimilahos erste Rede hebt die systematische Entweihung der Ahnengräber der Menschen im Norden durch die Tsikoa hervor; der Krieg findet sein Ende mit der Überführung von Tausenden sterblichen Überresten von Kriegstoten in ebendiese – inzwischen erneuerten – Grabmäler, die zu einer physischen Hauptstütze des neuen Volkes werden, das mittlerweile geschaffen worden ist. Viele Reichtümer von Piraten wurden von lebenden Personen – und den Geschäftsguthaben –, von ihren Frauen und Töchtern, abgezogen, um, anders verwendet, Teil im Kreislauf der heroischen Geschenkgaben und schließlich mit den heldenhaften Toten beigesetzt zu werden; damit entstand eine Struktur der Erinnerung, auf der die neu entstandenen Betsimisaraka aufbauen konnten.

KÖNIGSHOF UND KÖNIGREICH UND DER AUFSTIEG DER ZANA-MALATA

Viele Reichtümer landeten offensichtlich auch am neuen Königshof in Ambonavola, das nach und nach unter dem Namen Foulpointe bekannt wurde. (Der König unterhielt außerdem eine Zweitresidenz im nahe gelegenen Fenoarivo.) Inzwischen sollte deutlich geworden sein, dass an der Ostküste im Verlauf dieses Zeitraums – das heißt: von der Zeit Henry Averys und John Plantains bis zu der des Grafen Benjowski – die Fähigkeit, das äußere Gepränge eines mächtigen Königshofs aufrechtzuerhalten, an dem es von bewaffneten Wachen und juwelengeschmückten Gefolgsleuten nur so wimmelt, uns nur sehr wenig über die tatsächliche Macht des betreffenden »Monarchen« verrät. Das trifft zumindest dann zu, wenn »Macht« an der Fähigkeit gemessen wird, über die rituelle Arbeitskraft und die materiellen Ressourcen der in der Umgebung lebenden Menschen zu verfügen.

Es gibt kaum Belege dafür, dass Ratsimilaho die Möglichkeit hatte, über die Bevölkerung seines Herrschaftsgebiets in irgendeiner Weise zu verfügen, mit Ausnahme der Mobilisierung von Truppen im Fall eines von außerhalb kommenden Angriffs – was im Wesentlichen den Befugnissen anderer militärischer Befehlshaber entsprach. Er versuchte außerdem, die Kommunikation zu verbessern, und richtete ein System von Lagerhäusern in allen größeren Dörfern ein, wo Reis für den Export gelagert werden konnte und Reisende etwas zu essen bekamen, und bemühte sich um den Ausbau von Straßen und Wegen. Aber kommunale Getreidespeicher dieser Art gab es bereits; und der Transport von größeren Vorratsmengen zu den Hafenorten war immer etwas, das sich mit militärischen Aufgaben überschnitt. Mayeur schreibt schließlich, dass zwar ein Teil der Lagerbestände im Verfügungsbereich eines jeden örtlichen *mpanjaka* – er schätzt diesen Anteil auf etwa ein Zehntel der Gesamtmenge – in die Hauptstadt geschickt wurde, um dort in Ratsimilahos eigenen Speichern eingelagert zu werden, hebt aber zugleich hervor, dass die Art und Weise, wie dies erfolgte, den einzelnen *mpanjaka* überlassen blieb, was dem ganzen System weitgehend Freiwilligkeit verlieh.[56]

Ratsimilaho behielt zwar einige der jüngeren Mitglieder von *mpanjaka*-Lineages als »Kuriere« in seinem persönlichen Umfeld und beschäftigte seine eigenen persönlichen Sklaven, aber das blieb wohl im Rahmen des in jedem öffentlichen Amt Üblichen. Es gab weder einen ständigen Rat von örtlichen Oberhäuptern noch irgendeinen Hinweis darauf, dass Ratsimilaho versucht hätte, etwas zu schaffen, das dem Merina-System des *fanompoana* glich, bei dem jeder Herkunftsgruppe eine Rangstufe zugewiesen wurde, die sich an ihrer besonderen Form ritueller Dienste für die Monarchie orientierte. Clans blieben ohne Rangordnung. Archäologen finden, wie bereits gesagt, keine Belege für Siedlungs-Hierarchien; das System der drei Rangstufen von *mpanjaka* findet keine Erwähnung mehr. Es gibt auch keine Anzeichen dafür, dass die Zafy Ibrahim oder irgendwelche anderen Ritual-Experten systematische Anerkennung oder Privilegien erhalten hätten – ihre Degradierung scheint dauerhaft gewesen zu sein.

Die eine Ausnahme bei dieser Feststellung bilden natürlich die Malata – später: Zana-Malata – selbst. Ratsimilaho hatte in den späteren Phasen des Krieges sorgfältig darauf geachtet, denjenigen unter ihnen, die bis dahin im wehrfähigen Alter waren, die Bildung eigener Einheiten zu erlauben und ihnen dort, wo es möglich war, Kommandoposten zu übertragen. Und was besonders wichtig war: Er befreite die Malata insgesamt von der Eidesleistung, an die die anderen Betsimisaraka gebunden waren – diese Ausnahme galt natürlich auch für ihn selbst.[57] Dieser letzte Punkt ist höchst bemerkenswert, weil die politische Gesellschaft durch die Eide effektiv begründet wurde und die Malata so zu Außenstehenden erklärt wurden – zu einer Art von Ausländer-Adel auf Lebenszeit.

Im Lauf der Zeit wurde dieser Status allenfalls weiter bekräftigt. Wenn die Schaffung des Betsimisaraka-Bündnisses als eine Art von männlicher Riposte auf das Selbstbewusstsein und Durchsetzungsvermögen von Frauen, die sich mit den Piraten verbündet hatten, gedeutet werden kann, dann könnte man den Aufstieg der Malata als eine Art von Gegenriposte betrachten. Wenn wir die Dinge nicht aus der Perspektive des Königs, sondern aus der Sicht der Männer betrachten, die ihn auf den Thron brachten, dann bestand das Problem darin, dass es nichts gab, was Ratsimilaho eindeutig von allen anderen Malata unterschied. Sein Vater war nur ein einfacher Seemann, und der Clan seiner Mutter erhob sich in gar keiner Weise über alle anderen. Die Beute, die er geerbt hatte, war beeindruckend, aber es gibt keinerlei Hinweis auf eine irgendwie geartete Einzigartigkeit, und bis zum Ende der Kriegszüge hatte er ohnehin fast alles davon weggegeben.

Auch die anderen Malata wurden älter, und ihre Mütter und die mütterliche Verwandtschaft scheinen alles daran gesetzt zu haben, sie als Parallelgestalten zu etablieren: als kühne Krieger, umgeben von Schusswaffen, Sklaven und fremdartigen Luxusgütern, die gleichermaßen zum vertrauten Umgang mit ausländischen Händlern und anderen Besuchern befähigt waren. Das würde dann auch die verwirrenden Darstellungen von Besuchern wie Cossigny in den 1730er Jahren erklären, die behaupteten, Ratsimilaho sei nur ein Malata-Oberhaupt unter vielen gewesen – und vielleicht sogar Ratsimilahos eigene schelmische Anspielung gegenüber Commodore Downing, sein Vater sei der berühmteste unter allen Piraten gewesen.

Ihre Mütter scheinen sich außerdem die größte Mühe gegeben zu haben, dafür zu sorgen, dass die Malata nur untereinander heirateten. Das war natürlich von entscheidender Bedeutung, weil dadurch die grundverschiedene und heterogene Ansammlung von Jugendlichen, die sie noch bei Kriegsbeginn gewesen waren, in eine reale gesellschaftliche Klasse verwandelt wurde: Sie wurden Zana-Malata (»Kinder der Malata«) und schließlich Zafi-Malata (»Enkel der Malata«), wie sie heute noch genannt werden.

Die anschließende Geschichte dieser Gruppe[58] ist ein potenziell ergiebiges Feld für die zukünftige Forschung – aus irgendeinem Grund hat bisher noch niemand systematische ethnografische Forschungen unter den Zana-Malata angestellt oder versucht, ihre mündlichen Überlieferungen zu sammeln. Aber nach Alfred Grandidiers *Ethnographie de Madagascar*, die (was in gewisser Weise skandalös ist) bis heute unsere detaillierteste Quelle bleibt, etablierten sich separate Lineages von Zana-Malata nach und nach als dominante Lineages innerhalb der meisten *tariky* (Clans) der Betsimisaraka.[59] Gleichzeitig achteten die Zana-Malata als Gesamtgruppe sorgfältig darauf, sich von den Betsimisaraka abzuheben, dabei grenzten sich verschiedene Zana-Malata-Familien ab, indem sie irgendeinen typischen Aspekt des Alltagslebens der Betsimisaraka ostentativ ablehnten: Bei der Feldarbeit setzten sie sich beispielsweise über die typischen Geschlechterrollen hinweg,[60] verzichteten bei ihren männlichen Nachkommen auf die Beschneidungszeremonien[61] oder distanzierten sich vom Brauch der zeitlich befristeten Bestattung, indem sie ihre Toten direkt im Grabmal der Familie beisetzten.[62] Mit anderen Worten: Jede örtliche Gruppe erhielt ihre eigene, lokale Klasse von »fremden Fürsten« oder, wie ich sie genannt habe, »eingebürgerten Außenseitern«, die für ihre madagassischen Nachbarn Ausländer waren, aber den Ausländern als Madagassen galten.

*

Das Paradoxon bestand darin, dass diese Vervielfachung von Kleinfürsten fremder Herkunft letztlich den Egalitarismus in der Gesamtgesellschaft eher gefördert zu haben scheint, anstatt ihn zu untergraben. »Betsimisaraka«, ursprünglich der Name einer politischen Koalition, wurde als Bezeichnung für eine ganze Volksgruppe übernommen (und ich gebrauche den Begriff »Volk« [»people«] hier in der Doppelbedeutung, mit der er in Madagaskar so oft benutzt wird wie anderswo auch: Er steht für alle, aber auch für alle anderen, das heißt: für die gesamte Bevölkerung, aber zugleich auch, in einem engeren Sinn, für diejenigen, die nicht der Elite angehören).

Es scheint einen Prozess der Schismogenese gegeben zu haben, in dessen Verlauf die Nachkommen von Piraten versuchten, sich von den einfachen Leuten abzugrenzen; diejenigen, die sich selbst immer stärker als Betsimisaraka empfanden, grenzten sich ihrerseits wiederum von den Nachkommen der Piraten ab. Sylla berichtet zum Beispiel, dass viele Zana-Malata allmählich wieder zu der Praxis zurückkehrten, für die Schlachtung ihrer Ochsen Ritual-Spezialisten zu verpflichten – in diesem Fall die Zafi-Raminia und nicht die Zafy Ibrahim – und den Verzehr von Fleisch zu verweigern, das noch nicht durch ein Ritual dieser Art geweiht worden war;[63] die Betsimisaraka entwickelten, vermutlich als Reaktion darauf, die einzigartige Praxis, dass jede kleinere Lineage einen als *tangalamena* bezeichneten Ältesten auswählte, einen nur auf lokaler Ebene tätigen Ritual-Vermittler zwischen den Lebenden und den Toten, dessen besonderer Zuständigkeitsbereich das Viehopfer war.[64] Eine solche Unterschiedlichkeit scheint auch die subtileren Ebenen des alltäglichen Verhaltens bestimmt zu haben: Während in den Berichten von Reisenden einerseits der Hochmut und die von Willkür geprägte Tyrannei der kleinen Malata-Fürsten hervorgehoben wird, mehrt sich in ihnen andererseits das Lob der natürlichen Liebenswürdigkeit der Betsimisaraka, ihrer sanften und zurückhaltenden Umgangsformen.

In Madagaskar ist es ein sehr verbreiteter Grundsatz, dass der Egalitarismus gleichsam als Nebenwirkung imaginärer Formen absoluter Macht zustande kommt. »Ihr solltet alle gleich sein«, soll der Merina-König Andrianampionimerina erklärt haben, »weil ihr alle auf die gleiche Art meine Untertanen seid.« Gérard Althabe hat ausführlich darüber geschrieben, wie diese Dynamik sich während der Kolonialzeit in den Dörfern der Betsimisaraka auswirkte.[65] Ein Beispiel war die Anrufung verstorbener Könige in Tromba-Zeremonien.[66] Etwas in dieser Art scheint sich in der Beziehung der Betsimisaraka zu den Zana-Malata abgespielt zu haben. Die Ersteren waren im Umgang mit den »Kindern der Malata« allesamt effektiv gleichberechtigt. Diese Gleichheit wurde im Lauf der Zeit mehr und mehr zu einem eigenständigen Wert.

Schließlich schuf die Tatsache, dass der Status der Zana-

Malata auf ihrem Wohlstand und ihrer Verbindung zu fernen Ländern beruhte und dass dies nur eine sehr schmale Basis für eine interne Differenzierung zwischen ihnen bot, ein bedrohliches Legitimitätsdilemma für Ratsimilahos Hof. Sein persönliches Charisma schien zu genügen, um die Abläufe während seiner Lebenszeit zusammenzuhalten, aber er war sich wohl darüber im Klaren, dass es außerordentlich schwierig sein würde, die eigene Position an seine Kinder zu vererben. Seine Lösung bestand darin – in der großen Tradition dessen, was Marshall Sahlins als »upwards nobility« (»aufstiegsorientierter Adel«) bezeichnet hat –, in neue Quellen mysteriöser Macht aus fernen Ländern einzuheiraten.

Ratsimilaho handelte ein spektakuläres Hochzeits-Bündnis mit dem Sakalava-Hof von Boina aus, wo er selbst Jahre zuvor als Helfer des Königs gedient hatte, damit sein Sohn und Erbe die Möglichkeit haben würde, zwei verschiedene Thronansprüche zu stellen. Er verbot seiner Tochter, mit anderen Madagassen zu schlafen, was offenbar auch für andere Malata galt, ermutigte sie aber nachdrücklich, Beziehungen mit europäischen Besuchern bei Hofe anzuknüpfen. Beide Projekte erwiesen sich als katastrophale Fehlschläge. Matavy, die Sakalava-Fürstin, die Ratsimilahos Hauptfrau wurde, äußerte umgehend ihre Verachtung für das, was sie mutmaßlich als Schein-Hofhaltung und Schein-Königtum empfand, indem sie die angestammten Rechte einer Fürstin auf sexuelle Freiheit in einem Ausmaß praktizierte, das allgemein wohl als skandalös empfunden wurde. Es heißt, dies habe die legitimen Ansprüche ihres Sohnes und Erben Zanahary untergraben, dessen wahrer Vater nach umlaufenden Spekulationen so gut wie jeder Mann hätte sein können. Betia, die Tochter, verliebte sich unsterblich in einen französischen Korporal und

Handelsbevollmächtigten der Ostindien-Kompanie namens La Bigorne, der ihre blinde Hingabe ausnutzte, um die Stabilität des Reiches zu untergraben, wann immer sich eine Gelegenheit bot.

Ratsimilaho soll schließlich, so wurde berichtet, an Ausschweifungen und Alkoholmissbrauch zugrunde gegangen sein und dabei noch eine ganze Serie tödlicher Streitigkeiten zwischen seinen Ehefrauen und Konkubinen über die Frage ausgelöst haben, wer denn nun für seine Vergiftung verantwortlich sei.[67] Er scheint auf erbärmliche Art zu Tode gekommen zu sein.

Aber seine Herrschaft blieb, allen Unzulänglichkeiten zum Trotz, als goldenes Zeitalter in Erinnerung. Welche Vereinbarungen seine Weggefährten und Verbündeten auch geschlossen haben mochten, mit der Schaffung ihres dezentralisierten Schattenkönigreiches scheinen diese Abkommen den Frieden und den Wohlstand des Landes dreißig Jahre lang gesichert und die Betsimisaraka von den Verheerungen des Sklavenhandels weitgehend abgeschirmt zu haben. Und das alles war nicht darauf zurückzuführen, dass sie etwas geschaffen hatten, das einem modernen Nationalstaat glich (wie manche Kolonial-Historiker behaupteten, zum Beispiel Deschamps), weil sie genau das eben nicht taten. Wenn dieses Geschehen ein historisches Experiment war, dann war es, zumindest eine gewisse Zeit lang, verblüffend erfolgreich.

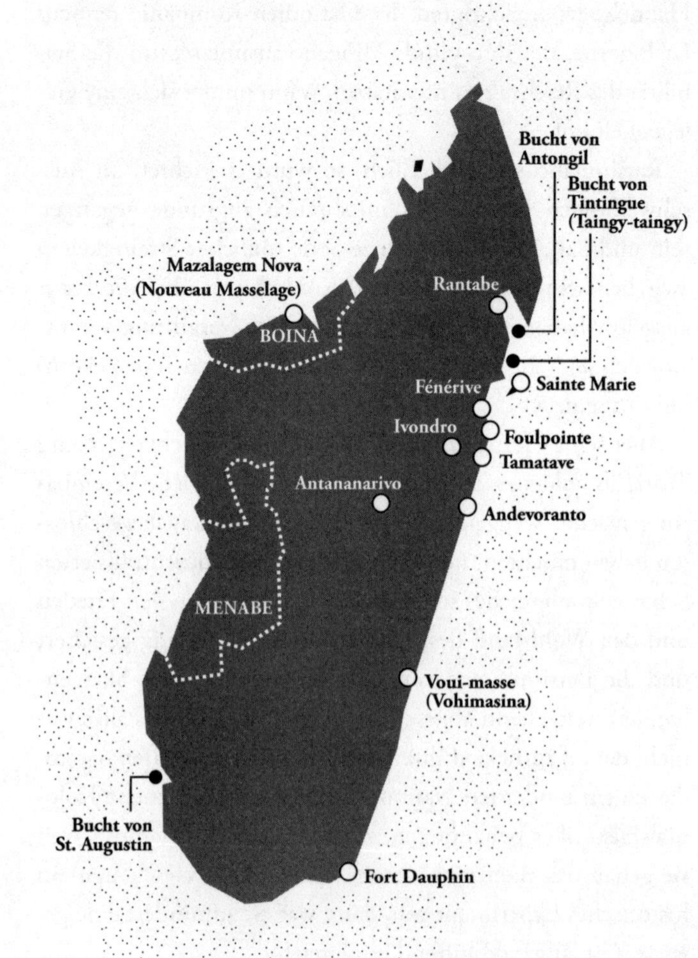

Diese Karte von Madagaskar ermöglicht es, sich heute auf der Insel zu orientieren, da die historischen Ortsnamen zur Zeit der Piraterie von den gegenwärtigen Stadt- und Ortsbezeichnungen immer wieder abweichen.

SCHLUSS

> Gott und der Mensch waren unzertrennliche
> Gefährten. Eines Tages sagte Gott zum Menschen:
> Warum gehst du nicht eine Zeit lang fort
> und siehst dich auf der Erde um, damit wir
> neue Themen für unsere Gespräche finden?
>
> *Anfang einer madagassischen Volkssage*[1]

Ich begann dieses Buch mit der These, dass die Welt des 17. und 18. Jahrhunderts von einem sehr viel umfassenderen intellektuellen Aufruhr geprägt wurde, als wir uns gemeinhin vorstellen. Das, was wir als »Denken der Aufklärung« bezeichnen, mag seine volle Blüte in Städten wie Paris, Edinburgh, Königsberg und Philadelphia erlebt haben, aber es war die Schöpfung von Gesprächen, Auseinandersetzungen und gesellschaftlichen Experimenten in aller Welt. Die maritimen Welten des Atlantiks, des Pazifiks und des Indischen Ozeans spielten bei dieser ganzen Entwicklung eine besondere Rolle, weil die lebhaftesten Gespräche sich an Bord von Schiffen und in Hafenstädten abgespielt haben müssen. Natürlich sind uns 99 Prozent dieses ganzen Geschehens für immer verloren gegangen.

Waren die Piraten, die sich 1720 in Ranter Bay niederließen, wirklich (wie Christopher Hill behauptete) von einer Schrift des Ranters Abiezer Coppe (1619–1672), »Fiery Flying Roll«, aus dem Jahr 1649 beeinflusst?[2] Das können wir unmöglich wissen. Und eine ähnlich gelagerte weitere Frage wäre: Waren die Zafy Ibrahim, die auf der Insel Sainte Marie die ersten Piraten willkommen hießen, wirklich, wie sie behaupteten, Nachfahren jemenitischer Juden? Waren Vorstellungen vom Göttlichen, wie sie an der madagassischen Küste herrschten, wirklich von islamischen Strömungen des Gnostizismus beeinflusst? Auch das werden wir wohl niemals erfahren. Aber unsere Unwissenheit betrifft nur die genauen Einzelheiten. Wir haben allen Grund für die Annahme, dass Menschen, Gegenstände und Gedanken aus dem gesamten Großraum des Indischen Ozeans und darüber hinaus regelmäßig nach Madagaskar gelangten und dass diese Insel über einen langen Zeitraum hinweg ein bestens geeigneter Ort war, an dem politische Exilanten, religiöse Dissidenten, Abenteurer und Sonderlinge jeder Art besonders gern Zuflucht suchten – und, wenn Madagaskars anschließende Geschichte etwas ist, auf das man sich stützen kann, sie auch fanden.

Diese Neuankömmlinge verbrachten nach ihrer Ankunft auf Madagaskar einen sehr großen Teil ihrer Zeit mit Gesprächen, die sie mit den Menschen führten, die schon länger dort lebten. Man kann dies mit einiger Zuversicht sagen, nicht nur, weil Gespräche überall auf der Welt eine der Hauptformen menschlicher Tätigkeit sind – alle Menschen haben im gesamten Verlauf der Geschichte ihre Zeit hauptsächlich zwischen Arbeit, Spiel, Ruhe und gemeinsamen Gesprächen aufgeteilt –, sondern auch, weil auf Madagaskar die Kunst der Konversation eine ganz besondere Wertschätzung genießt. »Unter diesen neugierigen Menschen, die Neuigkeiten lieben und denen die Zeit nichts bedeutet, wird alles zum Material für *kabary*«, schrieb Mayeur. Und es besteht ein ausgeprägtes Kontinuum, das von offiziellen Versammlungen bis zu alltäglichen Zusammenkünften von Familien oder Freunden reicht. Und die Freuden der Diskussion, der Debatte, der geistreichen Bemerkung, des Geschichtenerzählens und der gewandten Rede gelten als etwas, was jeder Mensch in der eigenen Kultur als reizvoll empfindet oder empfinden sollte. Und dies empfinden auch Ausländer so, die die Sprache gut genug lernen, um zu verstehen, was gesagt wird.

Im Jahr 1729 erschien in London ein Buch mit dem Titel *Madagascar; or, Robert Drury's journal, during fifteen years' captivity on that island,* das angeblich die Geschichte eines britischen Schiffsjungen erzählt, der, an Madagaskars Südküste schiffbrüchig geworden, dort viele Jahre als Sklave verbringt. Historiker haben lange Zeit über die Frage gestritten, ob diese Geschichte eine Fälschung ist. Einige von ihnen behaupteten sogar, der wahre Autor sei Daniel Defoe. Der Archäologe Michael Parker Pearson klärte die Frage schließlich, indem er zeigte, dass viele geografische Details im Text so präzise beschrieben sind, dass jemand, der nicht in diesem Teil Madagaskars gelebt hat, unmöglich von ihnen gewusst haben könnte.[3] Ich selbst las das Buch kurz nach meiner Rückkehr aus Madagaskar 1991 und war sofort von seiner Echtheit überzeugt, als mir auffiel, dass der Autor, wenn er von der Attraktivität seiner madagassischen Ehefrau sprach, ihre »angenehme Konversation« (»agreeable conversation«) besonders hervorhob und später dann seine Enttäuschung äußerte, als er bei der Rückkehr in sein Heimatland feststellte, dass Gespräche mit europäischen Frauen nicht annähernd so interessant verliefen.[4] Das sah einfach nicht nach einem Thema aus, das ein englischer Autor, der noch nie zuvor auf Madagaskar gewesen war, mit einiger Wahrscheinlichkeit erfunden hätte. Aber mich sprach diese Bemerkung sofort an. In Madagaskar gelten sexuelle Reize und eine geschickte Gesprächsführung als eng miteinander verbunden, und beide Merkmale wurden zu den Eigenschaften gezählt, die die madagassische Kultur von Natur aus anziehend machten.

All dies ist wichtig, weil die Ursprünge der madagassischen Kultur nach wie vor rätselhaft sind. Einst glaubte man, dass die Insel von einer einzigen Population von Bauern aus Borneo besiedelt wurde, die Brandrodungs-Feldbau betrieben, sich nach und nach über die ganze Insel ausbreiteten und spätere Gruppen von Einwanderern aus Afrika allmählich integrierten. Die Archäologie enthüllt heute ein sehr viel komplexeres Bild.[5] Nach heutigem Kenntnisstand sieht es so aus, als sei Madagaskar nicht von einer einzigen homogenen Population besiedelt worden, die sich ausbreitete und differenzierte, sondern von einer Vielfalt unterschiedlicher Gruppen, die so gut wie nichts gemeinsam hatten – von malaiischen Händlern und ihren Dienern, Suaheli-Stadtbewohnern, ostafrikanischen Viehzüchtern, die Weidewirtschaft betrieben, verschiedenen Gruppen von Flüchtlingen und geflohenen Sklaven –, und dass all diese Gruppen während der ersten Jahrhunderte der Besiedelung der Insel weitgehend unabhängig voneinander lebten und in keinerlei Hinsicht eine einzige Bevölkerung bildeten.

Zu einem bestimmten Zeitpunkt, möglicherweise um das 11. oder 12. Jahrhundert christlicher Zeitrechnung, kam es zu einer Art Synthese, und der größte Teil der Muster und Formen, die heutzutage typisch für das sind, was wir als madagassische Kultur betrachten, entstand und begann sich über die ganze Insel zu verbreiten. Dieses neue kulturelle Netzwerk erwies sich als bemerkenswert erfolgreich. Innerhalb weniger Jahrhunderte treffen wir auf eine Situation, die der heutigen nicht unähnlich ist: Wir sehen eine riesige Insel mit einer endlosen Vielfalt von Ökosystemen, mit einer Bevölkerung, die nahezu ausnahmslos Varianten einer einzigen Sprache spricht, Varianten derselben Geschichten erzählt, Varianten der weitgehend einander ähnlichen Rituale des Lebenslaufs praktiziert und ansonsten eintausend lokale Beispiele eines einzigen erkennbaren kulturellen Netzwerks lebt.

Wir haben keine Ahnung, wie dies zustande kam. Es war nicht das Ergebnis irgendeines bewussten politischen Projekts oder, zumindest, kein von oben nach unten durchgesetztes politisches Projekt. Zur damaligen Zeit gab es keine Herrscher, die auch nur annähernd über die Mittel zur Vereinigung der Insel verfügten, von der Möglichkeit, eine einheitliche Kultur für alle Bevölkerungsgruppen zu verordnen, ganz zu schweigen. Wenn überhaupt eine Entwicklung festzustellen ist, dann scheint sie auf der breiten Ablehnung des Ethos – des höfischen Lebens und der monotheistischen Religionspraxis – von Hafenstädten aufgebaut zu haben.[6] Das Leben auf Madagaskar scheint, damals wie heute, eine nachdrückliche Ablehnung der Lebensweise zur See fahrender Ausländer zu sein. Wir wissen nicht, wie es diesem neuen kulturellen Netzwerk gelang, nahezu alle auf dieser 1600 Kilometer langen Insel lebenden Menschen einzubeziehen, aber Sexualität und Gespräche müssen, ganz gleich, wie es geschah, dabei eine zentrale Rolle gespielt haben.

Und das setzt sich bis heute so fort. Vielleicht schon seit 1000 Jahren sind ausländische Besucher nach Madagaskar gekommen und vollständig absorbiert worden. Doch das gilt nicht für alle. Einige bleiben eine gewisse Zeit lang und gehen wieder; andere bewohnen kleine Gebiete und bleiben dort für sich, wie etwa die Antalaotra. Aber die überwältigende Mehrheit der Ankömmlinge ist zu Madagassen geworden, und ihre Nachkommen sind mittlerweile größtenteils von allen anderen Bevölkerungsgruppen nicht zu unterscheiden. Und abermals gilt, dass wir die historische Dynamik hinter diesen Ereignissen nicht vollständig verstehen. Migranten scheinen beispielsweise bei der Entstehung dessen, was in Madagaskar als »ethnische Gruppen« bezeichnet wird, eine Schlüsselrolle gespielt zu haben – aber nicht auf die Art, wie man möglicherweise denkt. Da die sprachliche Vielfalt auf der Insel gering ist, werden Unterschiede eher geografisch definiert (»Sandmenschen«, »Waldbewohner«, »Fischersleute« …) oder beziehen sich auf Populationen, die sich selbst in Gegnerschaft zu irgendeiner besonderen Schicht »eingebürgerter Außenseiter« kennzeichnen, etwa zu den Priester-Königen der Antemoro, die behaupteten, sie seien Muslime, aber keinen Koran besaßen, sondern nur Zauberbücher in madagassischer Sprache, geschrieben in arabischer Schrift, oder zu den Dynastien von Abenteurern, die die Sakalava-Königreiche von Boina und Menabe gründeten.[7] Diese Gruppen wurden immer als Fremde aus der Perspektive derjenigen betrachtet, die zu einem Volk wurden, indem sie sich selbst in Abgrenzung von ihnen definierten: Alle diejenigen, die der Zafimbolamena-Dynastie dienten, kamen zu einem Bewusstsein ihrer selbst als Sakalava, selbst wenn sie zu jedem beliebigen Zeitpunkt in zahlreiche größere oder kleinere Königreiche aufgespalten waren, und das galt selbst dann, wenn ihre Herrscher keine Sakalava waren. Und alle diejenigen, die in direkter Nachbarschaft zu den Zana-Malata lebten und sich in Abgrenzung von ihnen definierten, waren Betsimisaraka, auch wenn die Zana-Malata selbst keine Betsimisaraka waren.

DAS WAHRE LIBERTALIA II: DAS BETSIMISARAKA-BÜNDNIS

All dies könnte Madagaskar zu einer sehr unwahrscheinlichen Heimstatt für politische Experimente im Geist der Aufklärung machen. Die Tatsache, dass so viele Außenseiter so effektiv angelockt und in diese sich entwickelnde madagassische Kultur eingegliedert wurden – eine Kultur, deren Träger bis heute auf ihren verführerischen Zauber stolz sind –, sollte uns nicht zu der Annahme verleiten, dass dieses Netzwerk einfach alle Unterschiede beseitigte, mit denen es in Berührung kam. Madagassische Gemeinschaften blieben, auf ihre jeweils eigene Art, extrem kosmopolitisch. Wir wissen, dass Menschen aus Ländern und Gebieten rund um den Indischen Ozean, von Java bis zum Oman, nach Madagaskar reisten und deshalb viele lange Gespräche mit den Menschen geführt haben müssen, denen sie dort begegneten, so wie das die Madagassen, die ihrerseits gereist waren, bei ihrer Rückkehr praktiziert haben müssen. Die Inhalte all dieser Gespräche sind uns natürlich fast vollständig verloren gegangen. Wir verfügen bestenfalls über äußerst mehrdeutige, ungewisse Spuren. Meist besitzen wir nicht einmal diese. Wir können nur wissen: Solche Gespräche müssen stattgefunden haben.

Ich habe in diesem Buch versucht, die Geschichte der Piraten auf Madagaskar nochmals zu überdenken und den Aufstieg der Betsimisaraka in diesem Licht zu betrachten.

Piratenschiffe umgaben sich mit Geschichten von Wagemut und Furcht und Schrecken. Man könnte sogar sagen, dass sie sich mit solchen Geschichten wappneten, aber an Bord selbst scheinen die Besatzungen ihre eigenen Angelegenheiten durch Gespräche, Beratungen und Debatten geregelt zu haben. Ansiedlungen wie Sainte Marie und, vor allem, Ambonavola scheinen selbstbewusste Versuche gewesen zu sein, dieses Modell an Land zu reproduzieren, begleitet von abenteuerlichen Geschichten über Piraten-Königreiche, um potenzielle ausländische Freunde oder Feinde zu beeindrucken. Ergänzt wurden diese Geschichten durch die sorgfältige Entwicklung egalitärer Beratungsprozesse in den eigenen Reihen. Aber indem sich die Piraten niederließen, sich mit ehrgeizigen madagassischen Frauen zusammentaten und Familien gründeten, wurden sie in eine völlig andere Konversations-Kultur hineingezogen.

Das ist meiner Ansicht nach die wahre Bedeutung der Geschichten von madagassischen Fürstinnen, die die Piraten mit Hilfe von Liebeszauber *(ody fitia)* an Land lockten: Wenn man in das Leben einer madagassischen Gemeinschaft hineingezogen wird, bedeutet das unweigerlich das Eintauchen in eine Welt, die von endlosen Diskussionen, Spekulationen und Debatten über verborgene Mächte und Absichten geprägt ist. In diesem neuen diskursiven Universum hatten die einheimischen Frauen eindeutig die Oberhand. (Und natürlich galt dabei, wie Mervyn Brown ausgeführt hat: Falls irgendein Pirat versucht hätte, aus der Welt der Gespräche auszubrechen und sich auf die Anwendung roher Gewalt zu verlegen, wäre es ein Leichtes gewesen, ihn einfach umzubringen.)

Das wiederum veranlasste viele madagassische Männer dazu, ihre eigenen autonomen Gesprächskreise einzurichten:

die Großen Kabary, von denen sie die Frauen vollständig auszuschließen versuchten. Ich habe bereits darauf hingewiesen, dass wir diese Männer, ihre Namen und ihre Geschichten nicht genau kennen. Die wichtigsten Akteure scheinen junge Männer gewesen zu sein, die sich aber in der Welt auskannten. Einige von ihnen waren bereits in London und Bombay gewesen. Viele von ihnen sprachen möglicherweise ein zumindest rudimentäres Französisch oder Englisch, einige mögen auch noch einfache Kenntnisse anderer Verkehrssprachen (Arabisch, Suaheli) gehabt haben. Einige konnten vielleicht auch lesen und schreiben. Einer Sache können wir sicher sein: Die meisten von ihnen hatten viele Stunden in Gesprächen mit aktiven oder nicht mehr zur See fahrenden Piraten zugebracht, hatten dabei Geschichten erzählt, über die Motive der anderen spekuliert, Ansichten über Geldwirtschaft, Gesetze, Liebe, Krieg, Politik und organisierte Religion ausgetauscht. Sie hatten außerdem reichlich Gelegenheit, die Mittel und Wege der Piraten zu beobachten und sie mit anderen, vertrauteren Verhaltensweisen zu vergleichen. Die Konstruktion des Bündnisses, in dessen Zentrum der Schein-Autokrat stand, der in Wirklichkeit nur im Kampf Befehlsgewalt hatte, mit den Piraten-Eiden und den demokratisch getroffenen Entscheidungen, entwickelte sich vor allem aus diesen Gesprächen.

Das Betsimisaraka-Bündnis war, wie die eigenen Experimente der Piraten in Ansiedlungen wie Ambonavola, zumindest teilweise darauf angelegt, Außenstehende zu beeindrucken. Man muss sich dazu nur den bereits vorgestellten zeitlichen Ablauf genauer anschauen. Die Entstehung des Bündnisses entsprach genau dem Zeitpunkt, zu dem Piraten-Königreiche und Piraten-Utopien in Frankreich und England besonders eifrig diskutiert wurden. Das Gründungsjahr des Bündnisses, 1712, war auch das Jahr, in dem Charles Johnsons Theaterstück »The Successful Pyrate«,[8] eine Fantasie über Henry Averys Männer, die auf Madagaskar ein Königreich schaffen, in London Premiere hatte. Es gilt allgemein als das erste Drama, dass Thomas Hobbes' und John Lockes protoaufklärerische Gedanken zum Ursprung von Königreichen einem breiten Publikum präsentierte.

Die Kriege endeten 1720, zu der Zeit, zu der Daniel Defoe sein eigenes Buch über Avery herausbrachte, und ein Jahr vor der Veröffentlichung von Montesquieus *Persischen Briefen,* die als erstes bedeutendes Werk des französischen aufklärerischen Denkens gelten. Diese Kriege waren noch im Gange, als Abgesandte der Piraten – oder Leute, die behaupteten, Abgesandte der Piraten zu sein – an europäischen Königshöfen vorstellig wurden und sich um Bündnisse bemühten.

War all dies ein Gesprächsstoff in ganz Europa? Eindeutig war dem so. Es sollte außerdem bedacht werden, dass die Aufklärung eine intellektuelle Bewegung war, die auf einzigartige Weise mit Gesprächsformen verbunden war. Das trifft nicht nur auf die Salons und Kaffeehäuser zu, denen ihre Gedanken entsprangen, sondern auch auf den von ihr entwickelten Prosastil, vor allem in Frankreich. Er war witzig, unterhaltend und kam im Konversationston daher, als wäre er von einem Glauben angetrieben, dass alle hartnäckigen gesellschaftlichen und intellektuellen Probleme im hellen Licht einer intellektuellen Diskussion dahinschmelzen könnten.

Wurde in den Salons von Paris unter der Herrschaft von Ludwig XV. über Piraten-Königreiche und Piraten-Utopien diskutiert? Man kann sich kaum vorstellen, dass es nicht so war, denn zur damaligen Zeit wurde praktisch allerorten über diese Themen gesprochen. Inwiefern durchdrangen diese Diskussionen die (für diese Leute) revolutionären Schlussfolgerungen, zu denen einige der Salonbesucher im Hinblick auf das Wesen von Freiheit, Amtsgewalt und Souveränität sowie in Bezug auf »das Volk« gelangten? Darüber können wir nur spekulieren. Ich habe in diesem Buch nur aufzuzeigen versucht, dass wir bis zum heutigen Tag noch nicht einmal Fragen dieser Art gestellt haben. Wir haben stattdessen eine theoretische Sprache konstruiert, die so etwas nahezu unmöglich macht. Aber wenn politisches Handeln, wie ich einst behauptete,[9] am besten als ein Handeln definiert wird, das andere Menschen beeinflusst, von denen zumindest einige nicht zu einem bestimmten Zeitpunkt anwesend sind – das heißt: es beeinflusst, indem davon gesprochen, erzählt, gesungen, indem es gezeichnet, aufgeschrieben oder anderweitig dargestellt wird –, dann waren Piraten, Händlerinnen und *mpanjaka* an der Nordostküste Madagaskars in der Zeit um das Jahr 1700 globale politische Akteure im umfassenden Sinn dieses Begriffs.

ANHANG

ZEITTAFEL

Ereignisse auf Madagaskar	Ereignisse in Europa
1690 – Frederick Philipse finanziert eine Kolonie auf Sainte Marie, Madagaskar, unter Adam Baldridge (Ankunft: 17. Juli 1690).	**1690** – John Locke veröffentlicht *Two Treatises of Government* (dt.: *Zwei Abhandlungen über die Regierung*).
1693 – Thomas Tew trifft mit der *Amity* in Madagaskar ein (19. Oktober).	
1694 – Henry Avery wird zum Kapitän gewählt, nachdem er zuvor eine Meuterei auf der *Charles* angeführt hatte (die in *Fancy* umbenannt wird), und segelt nach Madagaskar.	
1695 – Henry Averys und Thomas Tews Mannschaften kapern die *Fateh Muhammad* und die *Gang-i-Sawaii* und entkommen mit einer Beute im Wert von 600 000 £, wie der geschädigte Großmogul	

Ereignisse auf Madagaskar	Ereignisse in Europa
geltend macht. Tew wird im Kampf getötet.	
1696 – Kapitän William Kidd, ursprünglich zur Bekämpfung der Piraten entsandt, wird selbst zum Piraten und kommt nach Sainte Marie, um dort nach Seeleuten für seine *Adventure Galley* zu suchen. – Robert Culliford macht Madagaskar zu seinem Stützpunkt, überfällt Schiffe im Indischen Ozean. – Überreste des Antanosy-Königreichs geraten unter die Herrschaft des Piraten Abraham Samuel.	**1696** – Henry Avery wird zum »Feind der Menschheit« erklärt, die weltweit erste internationale Großfahndung beginnt.
1697 – Das Fort in Sainte Marie wird bei einem Aufstand gegen Jahresende zerstört, mehrere andere Siedlungen werden angegriffen. Baldridge flieht nach Amerika.	
1698 – Edward Welsh kommt als Baldridges Nachfolger nach Sainte Marie. – William Kidd kapert das armenische Schiff *Quedagh Merchant.*	**1698** – Der East India Act wird verabschiedet; England entsendet eine Expedition zur Bekämpfung der Piraten auf Madagaskar.

Ereignisse auf Madagaskar	Ereignisse in Europa
1699 – Nathaniel North wird zum Quartiermeister der *Dolphin* gewählt.	
1700 – Mutmaßliche Gründung von Libertalia durch Kapitän Misson – nach der Schilderung im 2. Band von Captain Charles Johnson, *A General History of the Pyrates* (1728).	
	1701 – Öffentlicher Prozess, Verurteilung und Hinrichtung von Kapitän William Kidd.
1703 – Nathaniel North siedelt in Ambonavola, wird zum »Kapitän der Piraten« auf Madagaskar gewählt.	**1703** – Zwei englische Kriegsschiffe kreuzen auf der Suche nach aktiven Piraten vor der Küste Madagaskars, werden aber nicht fündig.
1704 – Thomas White, der einen Stützpunkt auf Madagaskar unterhält, plündert Schiffe im Roten Meer.	
1705 – Die *Charles* segelt nach Madagaskar, John Halsey wird zum Kapitän gewählt. – In einem Bericht aus der Kapkolonie wird die Zahl der auf Madagaskar lebenden Piraten auf 830 geschätzt.	

Ereignisse auf Madagaskar	Ereignisse in Europa
1707 – Nathaniel North kehrt für kurze Zeit auf See zurück, nachdem er zum Quartiermeister der *Charles* gewählt worden ist. – Thomas White stirbt auf Madagaskar an den Folgen exzessiver Trunksucht.	**1707** – Daniel Defoes erster Text über Henry Avery erscheint in der Zeitschrift *Review*.
1709 – Nathaniel North kehrt nach Ambonavola zurück	**1709** – Die Schrift *Life and Adventures of Captain John Avery, now in Possession of Madagascar,* erscheint in London, ein Text, in dem Avery als Ehemann der Tochter des Großmoguls dargestellt wird.
1710 – In einem Bericht aus der Kapkolonie heißt es, auf Madagaskar seien nur noch 60 bis 70 »armselige und verabscheuungswürdige« Piraten verblieben. – Ramangano wird zum Oberhaupt des Tsikoa-Bündnisses gewählt.	
1712 – Gründung des Betsimisaraka-Bündnisses durch Ratsimilaho, erster Krieg mit den Tsikoa.	**1712** – »Gesandte der Piraten« werden ohne Erfolg bei Ludwig XIV. in Frankreich vorstellig.

Ereignisse auf Madagaskar	Ereignisse in Europa
	– Das Theaterstück *The Successful Pyrate* von Charles Johnson über Henry Averys Königreich auf Madagaskar hat in London Premiere und präsentiert einem allgemeinen Publikum Gedankengut der Aufklärung.
	1714 – Joseph Joumard behauptet, 100 000 Piraten gegenüber der Regierung der Niederlande zu vertreten, bleibt aber mit seinem Werben um Unterstützung erfolglos.
1715 – John Plantain lässt sich in Ranter Bay nieder. – Niederländische Händler erleben Ratsimilaho als Helfer des Sakalava-Königs Toakafo in Boina.	**1715** – Ungefähres Gründungsdatum von Madame Tencins Aufklärungs-Salon in Paris. – »Piraten-Gesandte« werden am Hof des Osmanischen und des Russischen Reiches vorstellig.
1716 – Ratsimilaho kommt Monsieur de la Bourdonnais, dem Gouverneur von La Réunion, zu Hilfe.	
	1718 – »Piraten-Gesandte« verhandeln mit dem König von Schweden.

Ereignisse auf Madagaskar	Ereignisse in Europa
1719 – Der Pirat Christopher Condent nutzt Sainte Marie als Stützpunkt für Kaperfahrten im Indischen Ozean.	
1720 – Ende der Kriege, die die Gründung des Betsimisaraka-Bündnisses begleiteten; Ratsimilaho richtet in Ambonavola/Foulpointe einen »Königshof« ein.	**1720** – Daniel Defoe veröffentlicht (anonym, unter der Angabe »In two letters from himself«) *The King of Pirates.*
1721 – Der Piratenkapitän La Bouche attackiert von Sainte Marie aus die Schifffahrtsrouten zu den Maskarenen. – Britische Kriegsschiffe zerstören Piratenhäfen auf Madagaskar, während die Franzosen Häfen auf Mauritius und La Réunion zerstören.	**1721** – Montesquieu veröffentlicht, ebenfalls anonym, die *Lettres persanes* (dt.: *Persische Briefe*).
1722 – Clement Downing begegnet in Ranter Bay Plantain und seinem »General« »Mulatto Tom« (Ratsimilaho). – Le Gentil de la Galaisière bestätigt in seinem Bericht Ratsimilaho als Machthaber an der Ostküste.	

Ereignisse auf Madagaskar	Ereignisse in Europa
	1724 – Captain Charles Johnson (ein Pseudonym, hinter dem sich möglicherweise Daniel Defoe verbirgt) veröffentlicht in London *A General History of the Pyrates,* das erste Werk, das detaillierte Berichte zu allen bedeutenden Piratenkapitänen jenes Zeitalters enthält und zugleich auch, mit dem zweiten, 1728 erschienenen Teil, die einzige Quelle für die Erzählung von Libertalia ist. Dieses Buch wird zur Grundlage für die Popularisierung und Idealisierung des Piratenlebens in den folgenden Jahrhunderten.
1728 – John Plantain flieht von Madagaskar nach Indien.	
1733 – Cossigny begegnet in Antongil Bay »König Baldridge«; der behauptet, die Bucht werde von drei Herren beherrscht: von Baldridge, Tom Tsimilaho und De La Ray.	**1733** – Voltaire veröffentlicht *Letters Concerning the English Nation* (frz., 1734: *Lettres philosophiques;* dt.: *Philosophische Briefe*).
1734 – Rings um Antongil kommt es zu Angriffen der Sakalava – mögliche Ankunft der Zafindrabay.	

Ereignisse auf Madagaskar	Ereignisse in Europa
1736 – Franzosen treffen in Antongil auf König Baldridges Onkel; Ratsimilaho schickt Unterstützung gegen die Angriffe der Sakalava.	
1740 – Französische Schiffskapitäne klagen über schlechten Geschäftsgang beim Handel und Angriffe auf sie in der Bucht von Antongil.	**1740** – David Hume veröffentlicht *A Treatise of Human Nature* (dt.: *Abhandlung über die menschliche Natur).*
	1748 – Montesquieu veröffentlicht *L'Esprit des lois* (dt.: *Vom Geist der Gesetze).*
Ca. 1750 – Tod Ratsimilahos.	
	1755 – Rousseau veröffentlicht *Discours sur l'origine et les fondemants de l'inégalité parmi les hommes* (dt.: *Abhandlung über den Ursprung und die Gründe der Ungleichheit unter den Menschen).*

ANMERKUNGEN

VORWORT

1 Das Buch, dessen Autoren Davd Graeber und Marshall Sahlins waren, erschien 2017 unter dem Titel *On Kings* bei HAU Books in Chicago.

2 Zu Mayeur und seinem Manuskript vgl. das Kapitel »Einige Probleme mit der Chronologie« am Ende von Teil 1 dieses Buchs.

3 Bei Libertalia Press erschien die 1. Ausgabe dieses Buchs.

4 Anm. des Verlags, da David Graeber 2020 gestorben ist.

5 There Never Was a West: Or, Democracy Emerges From the Spaces in Between. In dem Band: David Graeber, *Possibilities. Essays on Hierarchy, Rebellion, and Desire*. Edinburgh: A Press 2007.

6 Hierzu ist es nicht mehr gekommen, da David Graeber am 2. September 2020 gestorben ist.

7 Es wird hier auf Demonstrationen gegen den Vietnamkrieg angespielt, LBJ steht für Lyndon B. Johnson, 1963–69 Präsident der USA.

PRÄLUDIUM

1 Vgl. Marx' *Einleitung zur Kritik der Hegelschen Rechtsphilosophie* (1844), MEW, Bd. 1, S. 385: »Die Idee wird zur materiellen Gewalt, wenn sie die Massen ergreift« (A. d. Ü.).

2 Eric Williams (1944) entwickelte als Erster den Gedanken, dass die mit Sklavenarbeit bewirtschafteten europäischen Plantagen in der Neuen Welt eigentlich die ersten Fabriken waren; der Gedanke eines »multiethnischen« nordatlantischen Proletariats, in dem dieselben Verfahren der Mechanisierung, Überwachung und Disziplin auf Arbeiter auf Schiffen angewendet wurden, stammt von Peter Linebaugh und Marcus Rediker (2000; dt.: 2008).

3 Graeber 2007a.

4 Graeber 2007a, S. 353.

5 Markoff 1999, S. 673 (Anm. 62).

6 Deschamps 1972, S. 203.

7 Und nicht nur das, denn keiner von ihnen kann, als der Krieg 1712 begann, älter als etwa 21 Jahre gewesen sein, weil bis um das Jahr 1691 keine nennenswerte Zahl von Piraten in Madagaskar aktiv war. Von Ratsimilaho selbst heißt es, er sei damals 18 Jahre alt gewesen. [Zu den Kriegen zwischen den Betsimisaraka und den Tsikoa oder Betanimena vgl. das Kapitel »Einige Probleme mit der Chronologie« am Ende von Teil 1 dieses Buchs (A. d. Ü.).]

8 Wright 2006; vgl. auch Wright & Fanony 1992.

9 Carayon 1845, S. 15 f.

10 Der ursprüngliche Untertitel des Essays, auf dem dieses Buch beruht, wurde beispielsweise von einem kleinen Buch Daniel Defoes inspiriert: *The King of Pirates: Being an Account of the Famous Enterprises of Captain Avery, the Mock King of Madagascar* (1720), das so ziemlich die erfolgreichste Veröffentlichung in diesem Genre war: Über einen kurzen Zeitraum hinweg gelang es Avery oder seinen Bevollmächtigten oder vielleicht Personen, die sich einfach als seine Bevollmächtigten ausgaben, sogar einige der gekrönten Häupter Europas davon zu überzeugen, dass er der Gründer eines aufstrebenden neuen Piraten-Königreiches auf der Insel sei.

ERSTER TEIL: PIRATEN UND SCHATTENKÖNIGE IM NORDOSTEN MADAGASKARS

1 Vgl. hierzu zum Beispiel Gosse 1924; Baer 1971, 2005; Hill 1986; Rediker 1987, 2004; Pérotin-Dumon 1991; Cordingly 1995; Wilson 1995; Pennell 1998; Rogozinski 2000; Konstam 2003; Snelders 2005; Land 2007; Leeson 2009; Kuhn 2010; Hasty 2014.

2 Downing 1738, S. 142.

3 Ebenda, S. 110 f.

4 Christopher Hill (1986) behauptet in seinem Essay »Radical Pirates?« (1986), dass Antinomisten, unter anderem auch radikale Quäker und Ranter, die auf Jamaika oder in anderen Kolonien in der Karibik Schutz suchten, die Piraten beeinflusst hätten oder gar selbst zu Piraten geworden sein könnten, aber das bleibt eine bloße Spekulation.

5 Baer 1994; Baer 2005, S. 91–117; Lopez Lazaro 2010.

6 Wanner 2008.

7 Filliot 1974; Barendse 1995, 2003; Vink 2003; Bialuschewski 2005, 2008.

8 Rochon 1792, S. 72.

9 Ebenda, S. 45.

10 Pearson 1997, S. 401.

11 Brown 1978, S. 96.

12 Linebaugh & Rediker 2008, S. 201, S. 203.

13 »Baldridge war der Anlass für jenen Aufstand der Eingeborenen und den Tod der Piraten, weil er eine große Zahl der Eingeborenen von Sainte Marie, Männer, Frauen und Kinder, an Bord eines Schiffs oder von Schiffen gelockt hatte, er brachte sie zu einer französischen Insel namens Mascarine oder Mascaron und verkaufte sie als Sklaven, und für diesen Verrat von Baldridge rächten sich die Eingeborenen der Insel an jenen Piraten, indem sie ihnen die Kehle durchschnitten« (Aussage von William Kidd am 5. Mai 1699, in: Jameson 1970, S. 187).

14 Perkins in: Jameson 1970; McDonald 2015, S. 89.

15 Nutting 1978.

16 Noch auffälliger ist, dass dies neben Sainte Marie der einzige Ort in der Region ist, den die Piraten erwähnen: So spricht Baldridge beispielsweise von dem Schiff, das ihn 1690 zunächst nach Sainte Marie brachte und dann »in Bonnovolo auf Madagaskar anlegte, 16 Leagues [etwa 50 Landmeilen bzw. 80 km] von St. Marie entfernt«, um Reis zu kaufen (in: Fox 2014, S. 345); ein anderer Pirat namens Barrett hält fest, dass er selbst, nachdem seine Besatzung ein »maurisches« Schiff kaperte und es 1697 in Sainte Marie zurückließ, »in Madagaskar an einem Ort namens Bonovolo lebte, an dem er bis April 1698 blieb« (ebenda, S. 70). Ambonavola war also bereits ein bedeutender Handelshafen, bevor die Piraten eintrafen, und zeitweise siedelten Piraten dort spätestens ab 1697. Allerdings war der Ort auch kurze Zeit verlassen, bevor er 1703 wieder auflebte. All dies passt zu der Annahme (auch wenn es sie nicht zwingend beweist), dass es derselbe Ort war, der sich erfolgreich gegen den Aufstand von 1697 behauptet hatte und später unter dem Namen Foulpointe bekannt wurde.

17 Johnson [Captain Charles J., 1728] 1972, S. 526.

18 Ebenda, S. 526 f.

19 Ebenda, S. 527 f.

20 Obwohl später beschrieben wird, dass North einer christlichen Erziehung seiner Kinder den Vorzug gab (Johnson 1972, S. 537 f.).

21 Molet-Sauvaget (2000, S. 439, Anm. 22) weist darauf hin, dass die Piraten den Ort als »Ambonavola point« bezeichneten, der zu »Bonavola point« (gesprochen: Boonavool) und schließlich, mittels eines Wortspiels, zu »Fool's Point« wurde. Als Französisch zur Handelssprache wurde, landete man bei »Foulepoint«, vgl. hierzu Allibert 2007, S. 471 (Anm. 11). Ich sollte hier noch festhalten, dass es für die Debatte keine große Bedeutung hätte, falls Allibert Recht hat und mit Ambonavola nicht Foulepoint, sondern das nahegelegene Fénérive gemeint ist.

22 Downing 1738, S. 159.

23 Ebenda, S. 155 f., S. 157.

24 Plantain hat jedenfalls tatsächlich gelebt (Aussage von Richard

Moor, der ihm 1720 begegnete, in: Fox 2014, S. 212); Downing ist im Allgemeinen eine recht glaubwürdige, wenn auch unvollständige Quelle, ein Augenzeuge von Dingen, die er selbst zu sehen bekam (Risso 2001). Deschamps (1972, S. 175) behauptet, Plantain sei von dem Titel *mpanjaka,* den ihm Dorfbewohner verliehen hatten und der nahezu jede Art von administrativer Befugnis bezeichnen konnte, verwirrt worden und habe sich selbst für einen König gehalten. Eine plausiblere Lesart ist, dass Plantain zunächst versuchte, Commodore Downing zu beeindrucken, der schließlich auf eine Expedition zur Vernichtung von Piraten geschickt worden war, und dann, als er feststellte, dass Downing jede unwahrscheinliche Geschichte, die er ihm auftischte, zu glauben schien, letztlich sehen wollte, wie weit er mit seinen lächerlichen Lügen noch gehen konnte, bis er auf Widerspruch stieß.

25 Downing 1738, S. 177.

26 Ebenda, S. 176.

27 Ebenda, S. 158.

28 Ebenda, S. 173.

29 Der erste Vorschlag für diese Daten kam von Nicolas Mayeur (1806) und wurde von Grandidier (1917, Bd. 4, S. 184, Anm. 2) bestätigt.

30 Ratsivalaka 1977.

31 Cultru 1906, S. 73; Benjowski 1791.

32 Ratsivalaka 1977, S. 82.

33 G. Grandidier 1898; Deschamps 1972; Cabanes 1982.

34 Zur fehlenden rituellen Basis vgl. zum Beispiel Deschamps 1972; zum externen Druck durch Sklavenhandel: Cabanes 1982.

35 Radama I., 1793–1828, König seit 1810 (A. d. Ü.).

36 Le Gentil de la Galaisière 1779, Downing 1738.

ZWEITER TEIL: DIE ANKUNFT DER PIRATEN AUS MADAGASSISCHER SICHT

1 Vgl. Ottino 1974, 1976, 1986.

2 Fagerang 1971; Rajaonarimanana 1990.

3 Sie meinten damit vermutlich nicht die matrilineare, sondern die kognatische (bilaterale) Herleitung der Abstammung von Vater *und* Mutter.

4 Julien 1929, S. 1–23, Mondain 1910, S. 50–191.

5 Rabaka 1970, S. 7 f.

6 Vgl. Ottino 1981, 1983a, 1983b, 1986.

7 Flacourt 2007, S. 108.

8 Ebenda, S. 30.

9 Vgl. Grandidier & Grandidier 1907, S. 97; Ferrand 1905, S. 411–415; Ottino 1974, S. 35 f.; Allibert (undatiert).

10 Sibree 1880, S. 108.

11 Hier liefert Ferrand (1905, S. 411–415) ein überzeugendes Plädoyer. Dies wurde von meinen eigenen Informanten aus Sainte Marie bestätigt, die betonten, sie seien »Araber«.

12 Ein eigenartiger Begriff, weil »mivorika« im heutigen Malagasy »verhexen« oder »verzaubern« bedeutet, in alten Texten aber offensichtlich als Ausdruck für »Gebet« benutzt wurde (Allibert 2007, S. 470 f.). Wenn das Wort sich ausdrücklich auf ein Ritual der Zafy Ibrahim bezog, ist es durchaus möglich, dass es eine Veränderung der Bedeutung durchlief, als die Bevölkerungsgruppe einen Niedergang erlebte.

13 Vgl. hierzu beispielsweise Aujas 1907, Lahady 1979, Rahatoka 1984, Mangalaza 1994, Fanony 2001, Nielssen 2012.

14 Solche Themen sind in anderen Landesteilen Madagaskars nicht unbekannt, aber wenn man Harings 1982 erschienenes umfassendes Register madagassischer Volkssagen studiert, fallen bestimmte Muster sofort auf. Das dramatischste Beispiel ist der Zatovo-Zyklus (Lombard 1976; vgl. Graeber 2013), vielleicht der Inbegriff des madagassischen Mythos, in dem ein junger Empor-

kömmling behauptet, nicht von Gott erschaffen worden zu sein. Dieser Mythos kommt bei den Betsimisaraka überhaupt nicht vor, obwohl er nahezu überall sonst auf der Insel in der einen oder anderen Variante präsent ist. In diesen Geschichten werden Grundzüge des menschlichen Lebens als einem jupiterähnlichen höchsten Gott gestohlen dargestellt. Die Geschichten der Betsimisaraka stellen dagegen die Lage nicht als Ergebnis einer prometheischen Rebellion dar, sondern als kosmisches Gleichgewicht zwischen zwei kosmischen Kräften.

15 Rochon 1792, S. 19.

16 Hier scheint Ottino (1976) zu überziehen. In dieser Passage aus Rochons Bericht geht es um islamische Einwanderer, von denen dieser sagt, sie seien so weitgehend in der madagassischen Bevölkerung aufgegangen, dass sie die meisten wesentlichen Merkmale ihrer Religion verloren hätten; ähnliche Erklärungen, dass nämlich die Madagassen einen gütigen allmächtigen Gott anerkennen, aber ihm keinen Kult widmen, sondern eher »dem Teufel«, finden sich in zahlreichen Berichten über die Insel und nicht nur, wenn von zugewanderten Bevölkerungsgruppen die Rede ist. Mayeur schildert beispielsweise eine Opferzeremonie der Betsimisaraka so: »Als der Körper auf die Erde gelegt wurde, opferte er fünf Ochsen, von denen ein Teil zum Verstorbenen gebracht wurde, ein Teil für den Teufel und der andere für Gott bestimmt war. Der Rest wurde an die Anwesenden verteilt, die ihn gemeinsam verzehrten« (Mayeur 1806, S. 210). Ähnlich scheint Ottinos Darstellung (op. cit.), dass eine Spur des karmatischen »Kommunismus« in Flacourts Aussagen über die Zafy Ibrahim nachweisbar sei, es bei ihnen weder reich noch arm gebe, sie ihre Sklaven wie Kinder behandelten und sie mit ihren Töchtern verheirateten (Flacourt 2007, S. 23), auf einer Verschiebung in Flacourts Schilderung zu beruhen, von den Zafy Ibrahim als Ritualspezialisten an der Ostküste hin zu einer Beschreibung der Lebensweise der Ostküsten-Bevölkerung im Allgemeinen.

17 Dellon 1700, S. 44 f.

18 Ebenda, S. 62.

19 Houtman in Grandidier 1914, S. 353, Anm. 35.
20 Flacourt 2007, S. 137.
21 Ferrand 1893, S. 145–147. Ich beschäftige mich für gewöhnlich nicht mit solchen Dingen, aber dieser Mythos schreit förmlich nach einer freudianischen Deutung: Der Held, umzingelt von der gefährlichen Sexualität auf einer Insel voller Frauen, flieht zunächst zurück in den Schoß (in die Truhe der alten Frau) und entkommt dann durch ein Bündnis mit einem vertrauten Symbol der Männlichkeit.
22 Grandidier 1914, S. 137.
23 Mervyn Brown 1978, S. 98.
24 Sahlins 2008, 2013.
25 Vgl. hierzu zum Beispiel Graeber 2015.
26 Sahlins 1981, S. 119 (Verheiratung), S. 109 und S. 125 (Vergiftung).
27 In: Fox 2014, S. 345.
28 Das würde erklären, warum der jüngere »Adam Baldridge« von 1722 ein Herrscher in Antongil und nicht auf Sainte Marie war.
29 In: Fox 2014, S. 178.
30 Cabanes 1982; vgl. hierzu Esoavelomandroso 1979, S. 41–43, und Mangalaza 1994, S. 22–25.
31 Das erklärt das scheinbare Paradoxon, dass viele Clans, der insgesamt patrilinearen Struktur zum Trotz, Frauen als Gründergestalten verehren.
32 Vgl. hierzu zum Beispiel Cole 1997 und 2001.
33 Flacourt 2007, S. 23.
34 Cabanes 1982; Clastres 1977.
35 Mayeur 1806, S. 200.
36 Vgl. hierzu zum Beispiel Fanony 1976.
37 Mayeur 1806, S. 293 (Rangstufen) und S. 197, S. 214, 223 f. (Mutter).
38 Le Gentil de la Galaisière 1779, S. 537.
39 Downing 1738, S. 127 f.
40 Bois 1997, S. 3–5; Rantoandro 2001, S. 109 f.
41 Leguével de Lacombe 1840, S. 179–182.
42 Als Kapitän Tew im Oktober 1693 eintraf, nahmen sie »einige

Rinder von mir, aber für ihren Proviant und See-Vorrat kauften sie von den Negern«. Oder, über Kapitän Weaks Schiff, die *Sussana,* im Jahr 1695: »Ich überließ ihnen etwas Vieh, aber mit dem größten Teil der Vorräte wurden sie von den Negern versorgt.« (Vgl. Fox 2014, Anm. 27; vgl. auch Jameson 1923, zit. nach der Ausgabe des Gutenberg-Projekts, Dokument 68. A. d. Ü.)

43 So berichtet Captain Johnson über Nathaniel North, der, nachdem er bei der Überfahrt von Sainte Marie zur Hauptinsel gekentert war, nackt an Land geschwommen und für einen Geist (»Sea-Devil«) gehalten worden war, mit Ausnahme »einer Frau, die bei den Häusern der weißen Männer regelmäßig Geflügel verkauft hatte« (Captain Johnson, Bd. II, 1728, Kap. X, »Of Captain Nathaniel North and his Crew«, S. 520.) Die lokalen Märkte werden heute meist von Frauen dominiert.

44 Renel 1910, Bd. 1, S. 201.

45 Rahena war in Wirklichkeit Ratsimilahos Mutter, Matavy war seine Ehefrau; Vavitiana ist der Name einer Betsimisaraka-Prophetin, die in Tamatave begraben wurde, aber einer anderen historischen Epoche angehört, die nichts mit dem hier beschriebenen Geschehen zu tun hatte (vgl. Besy 1981); Ratsimilaho war im Jahr 1774 schon lange tot.

46 Graeber 1996; vgl. Fanony 1985.

47 Cole 2005, S. 895; vgl. auch Cole 2004 und 2009.

48 Valette 1967; Bois 1997; Rantoandro 2001, S. 108–112.

49 Rondeau in Rantoandro 2001, S. 110.

50 Callet 1908, S. 106.

51 Ebenda, S. 107 f.

52 Graeber 1996.

53 Captain Johnson 1724, S. 59; hier zitiert nach folgender deutscher Ausgabe: Daniel Defoe, *Umfassende Geschichte der Räubereien und Mordtaten der berüchtigten Piraten,* Frankfurt 1982, S. 74.

54 Ellis 2007, S. 446.

55 Anonym, 1897, S. 71 f.

56 Ebenda.

57 Bois 1997, S. 3.

58 Molet-Sauvaget 1997.

59 Captain Johnson 1724, S. 58; Defoe (dt.) 1982, S. 74. Die Behauptung, dass die Madagassen keine Feuerwaffen besaßen, ist falsch; wie wir noch sehen werden, hatten sie Schusswaffen, allerdings keine besonders guten.

60 Captain Johnson 1724, S. 59; Defoe (dt.) 1982, S. 75.

61 Leguével de Lacombe 1840, Bd. II, S. 178–180.

62 Leguével de Lacombe 1840, Bd. I, S. 242.

63 Ferrand 1893; Renel 1910, Bd. II, S. 49, und Bd. III, S. 186–188; Dandouau 1922, S. 380–385.

64 Ferrand 1893, S. 133 f.

65 Nach Leguével de Lacombe (1840, Bd. I, S. 153) war dieser See jetzt im Besitz des Feuerriesen, eines Feindes von Darafify.

66 Leguével de Lacombe 1840, Bd. I, S. 149–151.

DRITTER TEIL: PIRATEN-AUFKLÄRUNG

1 Bialuschewski (2005, S. 423) verweist auch auf eine ansonsten nicht näher erläuterte »mündliche Überlieferung«, nach der die Piraten den Betsimisaraka angeblich nur ihre Unterstützung angeboten, aber nicht zu ihren Gunsten direkt in die Kämpfe eingegriffen hätten.

2 Zum Beispiel Ratsivalaka 1995, 1999; McDonald 2015.

3 Bialuschewski 2005; Ellis 2007; Randrianja & Ellis 2009; Hooper 2011; Mouzard 2011.

4 Nahezu keines der voluminösen Werke über das Kastensystem der Antemoro hält es beispielsweise für angebracht, auch nur zu erwähnen, dass dieses System im 19. Jahrhundert schließlich durch eine Volksrevolution gestürzt wurde; auch der Volksaufstand gegen die Zana-Malata, den Carayon (1845, S. 15 f.) als »Revolution von Tanibe« bezeichnet, wird in historischen Darstellungen der Region, ja sogar in Berichten über die Zana-Malata fast nie erwähnt!

5 Bialuschewski 2005, S. 424.
6 Mayeur 1806, S. 191; Deschamps 1972, S. 197. »Ihrer Anwesenheit im Norden und Nordosten von Madagaskar ist es zuzuschreiben, dass die Siedlungen Tamatave, Foulpointe, Tenerife [Fénérive] und St. Marie in der Bucht von Antongil, in Mananara und in Baldridge Point entstanden. Auf der Insel Marote in der Bucht von Antongil, in der kleinen Bucht von Navanne und in der von Véringoûtre sieht man heute noch die Eisenringe, die an den Anlegestellen in die Felsen geschlagen wurden. Dort machten sie ihre Schiffe fest, wenn sie sie ausbesserten« (Mayeur 1806, S. 191).
7 Mayeur 1806, S. 194.
8 Ebenda, S. 195.
9 Le Gentil de la Galaisière 1779, Bd. II, S. 527 (»Republik«); Cabanes 1982, S. 160.
10 Mayeur 1806, S. 235.
11 Rochon 1792, S. 77, S. 76.
12 Mayeur 1806, S. 213.
13 Captain Johnson 1728, S. 511–539 (hier: S. 528, S. 538 f.).
14 Ravelonantoandro 2010, S. 2.
15 Carayon 1845, S. 13 f.
16 Zunächst einmal würde das bedeuten – sofern das üblicherweise für den Krieg angegebene Datum nicht auch falsch ist –, dass Ratsimilaho um 1712 geboren wurde und 1730 erst 18 Jahre alt gewesen wäre, obwohl verschiedene europäische Quellen seine Existenz ab 1718 bestätigen.
17 Mayeur 1806, S. 192 f.
18 Über die Identität von Ratsimilahos Vater ist reichlich spekuliert worden. Mayeur selbst hielt ihn für »Tom Tew«, einen berühmten, aus New York kommenden Piraten, der 1694 an Henry Averys Beutezug teilnahm. Das ist extrem unwahrscheinlich, weil Tew – sofern sich nicht alle existierenden Quellen irren – beim Angriff auf die *Gang-i-Sawaii* umkam und nicht mehr nach Sainte Marie zurückkehrte; auf jeden Fall stammte er nicht aus England, sondern aus Rhode Island. Hubert Deschamps (1972, S. 199) äußert die plausiblere Vermutung, Thomas White sei

Ratsimilahos Vater gewesen, aber wenn das zuträfe, müsste etwas gänzlich Falsches in die allgemein anerkannte Chronologie gelangt sein, weil als Ratsimilahos Geburtsjahr 1694 angenommen wird, und White gelangte erst 1704 nach Madagaskar und soll sich fünf Jahre später zu Tode getrunken haben. Wenn ich einen Vorschlag äußern müsste, würde ich Nathaniel North nennen, der in Ambonavola lebte und von dem es heißt, er habe sich darum bemüht, dass seine Kinder eine europäische Ausbildung erhalten – und sei es auf Mauritius und nicht in London (Captain Johnson 1728, S. 537 f.). Piraten lebten oft unter verschiedenen Namen, und es gibt keinen Grund, aus dem North sich nicht auch »Thamo« hätte nennen können. Aber die Chronologie ist nach wie vor problematisch: Das wahre Problem bei all diesen Spekulationen ist meiner Ansicht nach, dass sie davon ausgehen, Ratsimilahos Vater müsse ein berühmter Kapitän gewesen sein, vielleicht weil sie sich nicht vorstellen können, dass ein einfacher Seemann Interesse an einer Ausbildung für sein Kind gezeigt hätte oder einen derart großen Vorrat an Beutegütern besitzen könnte. Aber die Piratenbeute wurde gleichmäßig aufgeteilt, und die Besatzungen wählten wohl eher Kapitäne, die lesen und schreiben konnten, aber zwischen Offizieren und Seeleuten gab es keine klaren Klassenunterschiede wie auf anderen Schiffen. Der gesunde Menschenverstand legt außerdem nahe, dass einem Piraten, der noch kein berühmter Gesetzloser war, die Rückkehr nach England eher glückte, ohne verhaftet zu werden. Es ist möglich, dass Ratsimilahos Vater einer derjenigen Piraten war, die ein 1716 ergangenes Angebot des Gouverneurs von Mauritius annahmen, als Gegenleistung für eine (sehr hohe) Geldzahlung die Begnadigung zu erhalten – eine gewisse Zahl von ihnen nahm die Offerte an und hätte so die Möglichkeit gehabt, legal dort einzureisen (Carter 2009, S. 59 f.).

19 Le Gentil de la Galaisière 1779, Bd. II, S. 526.

20 Ellis 2007.

21 Mayeur 1806, S. 295.

22 Ebenda, S. 192.

23 Ebenda, S. 196–198, S. 209 f.

24 Ebenda, S. 269–273, S. 287.

25 McDonald 2015, S. 83.

26 Bei einem Konflikt trug jede Seite ein Zeichen auf der Stirn, das jeweils in unterschiedlichen Farben gehalten war, damit im Kampf Freund und Feind auseinandergehalten werden konnten. In dem anschließenden Konflikt trugen Ratsimilahos Männer weiße und Ramanganos Kämpfer blaue *felana*.

27 Gemeint ist vermutlich der Mangoro (nach heutiger Schreibweise) (A. d. Ü.).

28 Mayeur 1806, S. 197.

29 Wenn er tatsächlich getötet wurde (vgl. die Schilderung in Captain Johnson 1728, S. 539). Das Datum seiner Ermordung ist ungewiss, und es ist sogar möglich, dass der namenlose madagassische Mörder, der ihn im Schlaf getötet haben soll, ein Tsikoa oder ein Verbündeter der Tsikoa war.

30 Mayeur 1806, S. 199.

31 Ravololomanga 1993.

32 Zum Schild vgl. das Zitat aus Mayeur 1806, S. 220 f., im folgenden Abschnitt »Ratsimilaho wird König« auf S. 166 (A. d. Ü.).

33 Graeber 2007a, S. 63–66, S. 70, S. 348; Ellis 1838, Bd. I, S. 187–192; Cousins 1876, S. 91–95; Callet 1908, S. 831–851; Decary 1951, S. 196–198; Mangalaza 1994, S. 26.

34 Johnson, Bd. II, 1728, Kap. X (»Of Captain Nathaniel North and his Crew«), S. 534: »Sie schworen sich gegenseitig, einander alle Freundschaftsdienste zu erweisen, ein Freund oder Feind des Freundes oder Feindes der Partei zu sein, der sie dies schworen; und für den Fall, dass sie den Eid verletzen, den sie leisten, beschwören sie verschiedenerlei Unglück auf sich herab; so mögen sie durch die Lanze fallen, vom Alligator verschlungen oder von der Hand Gottes niedergestreckt werden […].« Ich halte hier beiläufig fest, dass spätere Schilderungen von Eidesleistungen die Kugeln, die Feuersteine und das Schießpulver weglassen, mit einer bemerkenswerten Ausnahme: der allerersten Beschreibung eines solchen Eides aus dem Hochland in Ellis' *History of Mada-*

gascar (1838, Bd. I, S. 188 f.), wo die Zeremonie der von Mayeur geschilderten stark ähnelt und Verwünschungen mit guten Wünschen für Gesundheit und Wohlstand verbunden werden. Schilderungen aus derselben Region (Cousins 1876, S. 91–95; Callet 1908, S. 831–851), die ein halbes Jahrhundert später auf Malagasy verfasst worden sind, haben bereits die Schusswaffen und die Segenswünsche weggelassen, und darin ähneln sie den Beschreibungen, die ich spontan von heutigen Informanten zu hören bekam.

35 Downing 1738, S. 128.

36 Vgl. z. B. Vig 1969, S. 70 f.

37 Graeber 2005.

38 Mayeur 1806, S. 218–224.

39 Ebenda, S. 220 f.

40 Ebenda, S. 218, S. 221 f.

41 Ebenda, S. 291–294.

42 Ebenda, S. 196, S. 205 f., S. 223 f., S. 231, S. 298, S. 302.

43 Ich könnte hier noch hinzufügen, dass auf Malagasy die Erwähnung von Eifersucht und Neid *(fialonana, ankasomparana),* besonders in Verbindung mit geheimen Machenschaften, nahezu unweigerlich zum Euphemismus für »Hexerei« wird.

44 Rochon 1792, S. 77 f.

45 Decary 1966; Berg 1985.

46 Mayeur 1806, S. 206–219; Berg 1985, S. 266 f.

47 Johnson 1728, »Of Captain North«, S. 531.

48 Mayeur 1806, S. 250.

49 Ebenda, S. 250 f.

50 Ebenda, S. 251.

51 Ebenda, S. 253.

52 Was den zuvor noch erwähnten Angehörigen (Vater, Bruder) widerfuhr, bleibt unklar.

53 Der Text hält fest, dass der Leichnam zu einem späteren Zeitpunkt in neue Tücher gehüllt und zum Grabmal seiner Ahnen gebracht werden sollte, wo dann die traditionellen Opferstelen aufgerichtet werden sollten. Die hier beschriebene Totenumwendungsfeier ist eine Vorwegnahme der späteren *famadihana* im Hochland.

54 Mayeur 1806, S. 255.

55 Ebenda, S. 296.

56 Ebenda, S. 292; Cabanes 1982, S. 172.

57 Mayeur 1806, S. 231.

58 Sylla 1985; Rantoandro 2001.

59 Grandidier 1917, Bd. IV, S. 201.

60 Ebenda, S. 364 f.

61 Ebenda, S. 403, Anm. 5.

62 Ebenda, S. 514. Sylla (1985) erwähnt die Ablehnung der Beschneidung, aber charakterisiert sie als für alle Nachkommen von Piraten typisch. Das wiederum wurde von Bloch (1985) aufgenommen, der behauptete, die Zana-Malata würden deshalb die Patrilinearität ablehnen und verwandtschaftliche Beziehungen nur über »matrilineare Verbindung durch Segnung« herstellen (vgl. hierzu ebenso Mouzard 2011, etc.). Aber Grandidiers (1917) ursprüngliche Erklärung fällt in Wirklichkeit sehr viel bescheidener aus, weil er nur bestimmte Lineages auflistet (die Zafy Rabe, Zafimbala, Zafindramisoa und einige andere in Antongil und in der Umgebung von Fénérive). Die Liste mutet seltsam an, weil die letzte dort aufgeführte Gruppe ursprünglich gar nicht zu den Zana-Malata gehört, denn es handelte sich um die Lineage von Ratsimilahos Mutter.

63 Sylla 1985, S. 27 f.

64 Rahatoka 1984; Mangalaza 1994; Cole 2001.

65 Althabe 1969, 1983.

66 Tromba: »Heilungsritual, das insbesondere die Sakalava bei Besessenheit anwenden, auch Bezeichnung für die Heilkundigen« (Albrecht G. Schaefer, *Kulturschock Madagaskar*, Bielefeld 2. Aufl. 2018, S. 296) (A. d. Ü.).

67 Le Gentil de la Galaisière 1779, S. 528 f.

SCHLUSS

1 Dandouau 1922, S. 366.
2 Zu den Ranters und Hill vgl. Teil 1 dieses Buchs mit Anm. 4 (A. d. Ü.).
3 Pearson 1996.
4 Drury 1729, S. 172, S. 235.
5 Vgl. hierzu z. B. Dewar & Wright 1993.
6 Graeber 2013.
7 Graeber 2007b.
8 Charles Johnson (1679–1748), engl. Dramatiker, nicht zu verwechseln mit dem anonymen Autor »Captain Charles Johnson« der *General History of the Pyrates* (A. d. Ü.).
9 Graeber 2007b.

LITERATUR

Allibert, Claude (Hg.), *Étienne de Flacourt: Histoire de la Grande Isle Madagascar* [1661], édition annotée, augmentée et presentée par Claude Allibert, Paris: Karthala 2007.

–, Nouvelle hypothèse sur l'origine des Zafi-Ibrahim de l'île Nosy Boraha (Sainte-Marie, Madagascar). Undatiert, abrufbar über: https://www.academia.edu/19742579/Nouvelle_hypothèse_sur_l_origine_des_Zafi-Ibrahim_de_l_île_Nosy_Boraha_Sainte-Marie_Madagascar_ou_Flacourt_s_est-il_trompé_en_déclarant_que_les_Zafi-Ibrahim_proviennent_d_une_migration_juive_ancienne, Zugriff: 23.9.2022.

Althabe, Gérard, *Oppression et libération dans l'imaginaire. Les communautés villageoises de la côte orientale de Madagascar*, Vorwort von George Balandier, Paris: Maspero 1969.

–, L'utilisation de dépendances du passé dans la résistance villageoise à la domination étatique, in: Françoise Raison-Jourde (Hg.), *Les souverains de Madagascar, l'histoire royale et ses resurgences contemporaine,* Paris: Karthala 1983, S. 427–449.

Anonym, The Manners and Customs, Superstitions, and Dialect of the Betsimisaraka, in: *Antananarivo Annual and Madagascar Magazine* 21 (1897), S. 67–75.

Arnold-Forster, Rear Admiral Forster Delafield, *The Madagascar Pirates,* London: Frederick Muller 1957.

Aujas, L., Essai sur l'histoire et les coutumes de Betsimisaraka, in: *Revue de Madagascar* (1907), S. 501–515, S. 543–564.

Baer, Joel, *Piracy Examined: A Study of Daniel Defoe's* General History of the Pirates *and its Milieux,* Princeton University 1971, Diss. Modern Language and Literature.

–, »Captain John Avery« and the Anatomy of a Mutiny, in: *Eighteenth-Century Life* 18 (1994) 1, S. 1–26.

–, *Pirates of the British Isles,* Gloucestershire: Tempus 2005.

Barendse, René J., Slaving on the Malagasy Coast, 1640–1700, in: Sandra Evers & Marc Spindler (Hg.), *Cultures of Madagascar: Ebb and Flow of Influences,* Leiden: International Institute for Asian Studies 1995, S. 137–155.

–, *The Arabian Seas: The Indian Ocean World of the Seventeenth Century*, Armonk/NY: M. E. Sharpe 2002.

Beniowski, Maurice-August, Comte de, *Des Grafen Moritz August von Beniowski Reisen durch Sibirien und Kamtschatka über Japan und China nach Europa*, Berlin: Voß 1806.

Berg, Gerald, The Sacred Musket: Tactics, Technology and Power in Eighteenth-Century Madagascar, in: *Comparative Studies in Society and History* 27 (1985), S. 261–279.

Berger, Laurent, *Les raisons de la colère des ancêtres Zafinifotsy (Ankarana, Madagascar): L'Anthropologie au défi de la mondialisation*, Paris: EHESS, 2006; Diss. im Fach Anthropologie.

Besy, Arthur, Les différentes appelations de la ville du Tamatave, in: *Omaly sy Anio* 22 (1981), S. 393 f.

Bialuschewski, Arne, Pirates, Slaves, and the Indigenous Population in Madagascar, c. 1690–1715, in: *International Journal of African Historical Studies* 38 (2005) 3, S. 401–425.

–, Black People Under the Black Flag: Piracy and the Slave Trade off the West Coast of Africa, 1718–1723, in: *Slavery and Abolition* 29 (2008) 4, S. 461–475.

Blauert, Andreas, Zwischen literarischer Imagination und historiographischer Konkretion. Abenteurer und Piraten auf Madagaskar im 17. und 18. Jahrhundert, in: Andreas Blauert & Gerd Schwerhoff (Hg.), *Kriminalitätsgeschichte,* Konstanz: UVK 2000, S. 831–858.

Bloch, Maurice, Questions historiques concernant la parenté sur la côte est, in: *Omaly sy Anio* 21–22 (1985), S. 49–55. Antananarivo: Université de Madagascar.

Bohn, Robert, *Die Piraten,* München: C. H. Beck 2003.

Bois, Dominique, Tamatave, la cite des femmes, in: *Clio:* Histoire, Femmes et Societé, Numero Spéciale Femmes d'Afrique, Nr. 6/1997, S. 61–86. (Zit. nach der elektronischen Publikation, Zugang über https://journals.openedition.org/clio/376, Zugriff: 15. 9. 2022.)

–, Les métis à Tamatave dans la seconde moitié du XIXe siècle, in: *Annuaire des pays de l'océan Indien* 17 (2001), S. 123–142.

Brown, Margaret L., Reclaiming Lost Ancestors and Acknowledging Slave Descent: Insights from Madagascar, in: *Comparative Studies in Society and History* 46 (2004) 3, S. 616–645.

Brown, Mervyn, *Madagascar Rediscovered: A History from Early Times to Independence*, London: D. Tunnacliffe 1978.

Cabanes, Robert, Le Nord-Est de Madagascar, in: ders., *Essais sur la reproduction de formes socials dominées,* Paris: ORSTOM 1977, S. 87–104. (Travaux et documents de l'ORSTOM sociale et Ethnologie.)

– Guerre lignagière et guerre de traite sur la côte nord-est de Madagascar au XVIIe et XVIIIe siècles, in: Jean Bazin & Emmanuel Terray (Hg.), *Guerres de lignage et guerres d'États en Afrique,* Paris: ORSTOM (»Ordres socioux«) 1982, S. 145–186.

Callet, R. P., *Tantara ny Andriana eto Madagascar,* documents historiques d'après les manuscrits malgaches, Tananarive: Académie Malgache 1908, 2 Bde. (Nachdruck: Antananarivo: Imprimerie Nationale 1981).

Carayon, Jean-Louis Joseph, *Histoire de l'établissement français de Madagascar*, Paris: Gide 1845.

Carter, Marina, Pirates and Settlers: Economic Interactions on the Margins of Empire«, in: S. Sameetha Agha & Elizabeth Kolsky (Hg.), *Fringes of Empire,* New Delhi: Oxford University Press 2009, S. 45–68.

Clastres, Pierre, *Archéologie de la violence: La guerre dans les societies primitives,* La Tour-d'Aigues: Éd. de l'Aube 1977.

–, *Archäologie der Gewalt,* Zürich: Diaphanes 2008.

Cole, Jennifer, Sacrifice, Narratives and Experience in East Madagas-

car, in: *Journal of Religion in Africa/Religion en Afrique* 27 (1997) 4, S. 401–425.
–, *Forget Colonialism? Sacrifice and the Art of Memory in Madagascar*, Berkeley: University of California Press 2001.
–, Fresh Contact in Tamatave, Madagascar: Sex, Money and Intergenerational Transformation«, in: *American Ethnologist* 31 (2004) 4, S. 571–586.
–, The Jaombilo of Tamatave, Madagascar, in: *Journal of Social History* 38 (2005) 4, S. 891–914.
–, Love, Money and Economies of Intimacy in Tamatave, Madagascar, in: Jennifer Cole & Lynn Thomas (Hg.), *Love in Africa,* Chicago: University of Chicago Press 2009, S. 109–134.
Cordingly, David, *Under the Black Flag: The Romance and the Reality of Life among the Pirates*. London: Harvest.
– *Unter schwarzer Flagge: Legende und Wirklichkeit des Piratenlebens,* Zürich: Sanssouci 1999.
– (Hg.), *Piraten: Furcht und Schrecken auf den Weltmeeren*, Köln: vgs 1997.
Cousins, William Edward, *Fomba Malagasy* [1876], Antananarivo: Imarivolanitra 1963, hg. von H. Randzavola.
Cultru, Prosper, *Un empereur de Madagascar au XVIIIe siècle: Benyowzky*, Paris: Augustin Challamel 1906.
Dandouau, André, *Contes populaires des Sakalava et des Tsimihety de la region d'Analalava.* Publications de la Faculté des Lettres d'Alger, Bulletin de Correspondance Africaine, t. LVIII, Algier: Jules Carbonel 1922.
Decary, Raymond, *Mœurs et coutumes des Malgaches,* Paris: Payot, 1951.
–, *Coutumes guerrières et militaires anciens Malgaches,* 2 Bde., Paris: Editions maritimes et d'outre mer 1966.
Defoe, Daniel, *A Review of the State of the British Nation: Book 10, June 17, 1707 to November 8, 1707*, New York: Facsimile Text Society, Columbia University Press 1938.
–, *The King of Pirates: Being an Account of the Famous Enterprises of Captain Avery, the Mock King of Madagascar* [1719], London:

Hesperus 2002 (dt.: *Der Pirat,* Gerabronn: Hohenloher Druck- und Verlagshaus 1971; Übersetzer: K. K. Doberer).
–, *Umfassende Geschichte der Räubereien und Mordtaten der berüchtigten Piraten*, Frankfurt: Robinson 1982 (Übersetzer: Nikolaus Stingl).
–, *Eine allgemeine Geschichte der Piraten: Eine Auswahl,* Münster/New York: Waxmann 1996 (Übersetzer: Jörg Rademacher).
–, *Libertalia: Die utopische Piratenrepublik. Aus der* Allgemeinen Geschichte der Piraten *zusammen mit den* Piratensatzungen der Kapitäne Roberts, Lowther und Phillips, Berlin: Matthes & Seitz 2015 (Übersetzer: David Meienreis/Arne Braun; Herausgeber: Helge Meves).
Dellon, Charles Gabriel, *Nouvelle relation d'un voyage fait aux Indes orientales*, Paris: Barban 1685.
–, *Neue Reisebeschreibung nach Ost-Indien,* Dresden: Johann Jacob Winckler 1700 (http://digitale-sammlungen.de/de/view/bsb11247679, Zugriff: 26. 9. 2022).
Deschamps, Hubert, *Les pirates à Madagascar aux XVIIe et XVIIIe siècles,* Paris: Éditions Berger-Levrault 2.Aufl. 1972.
Dewar, Robert & Wright, H. T., The Culture History of Madagasca, in: *Journal of World Prehistory* 7 (1993) 4, S. 417–466.
Diener, Samuel, Free Men and Squalid Kings: Theories of Statehood in A General History of the Pyrates and its Milieu, in: *UCB Comparative Literature Undergraduate Journal* 5 (2014) 1 (http://ucbcluj.org/free-men-and-squalid-kings-theories-of-statehood-in-a-general-history-of-the-pyrates-and-its-milieu/, Zugriff: 26. 9. 2022).
Downing, Clement, *A Compendious History of the Indian Wars; with an Account of the Rise, Progress, Strength, and Forces of Angria the Pirate*, London: T. Cooper 1737.
–, *Die neuesten Unruhen auf der Ost-Indischen Küste oder Geschichte von dem daselbst aufgekommenen sehr berüchtigten See-Rauber Korrengei Angria und der gegen ihn auch andern Capern ausgelauffenen Englischen Escadre nebst dem Lebens-Lauf des bösen Jan Plantain See-Raubers auf der Insul Madagascar wie auch einer*

Nachricht von dem zwischen dem grossen Mogol und dem Angria bereits geführten Kriegen, Nürnberg: Johann Jacob Rüdiger 1738 (http://digitale-sammlungen.de/de/view/bsb10433408, Zugriff: 15.9.2022).

Drury, Robert, *Madagascar; or, Robert Drury's journal, during fifteen years' captivity on that island*, London: Meadows, 1729.

Ellis, Stephen, Tom and Toakafo: The Betsimisaraka Kingdom and State Formation in Madagascar, 1715–1750, in: *The Journal of African History* 48 (2007), S. 439–455.

–, The history of sovereigns in Madagascar: new light from old sources, in: F. V. Rajaonah & D. Nativel (Hg.), *Madagascar revisitée: en voyage avec Françoise Raison-Jourde,* Paris: Karthala 2009, S. 405–431.

Ellis, William, *History of Madagascar: Comprising also the Progress of the Christian Mission Established in 1818, and an Authentic Account of the Persecution and Recent Martyrdom of the Native Christians*, London: Fisher 1838 (2 Bde.).

Emoff, Ron, *Recollecting from the Past: Musical Practice and Spirit Possession on the East Coast of Madagascar*, Middletown: Wesleyan University Press 2002.

Esoavelomandroso, Manassé, *La province maritime orientale du »Royaume de Madagascar« à la fin du XIXe siècle (1882–1895)*, Antananarivo: FTM 1979.

–, Les »révoltes de l'Est« (novembre 1895–février 1896): essai d'explication, in: *Omaly sy Anio* 21–22 (1985), S. 33–48.

–, La région du Fiherenana à la veille de la conquête française, in: *Omaly sy anio* 13–14 (1981), S. 177–186.

Fagerang, Edvin, *Une famille de dynasties malgaches. Zafindravola, Maroseragna, Zafimbolamena, Andrevola, Zafimanely*, Oslo/Bergen/Tromsö: Universitetsforlaget 1971.

–, Origine des dynasties ayant régné dans le sud et l'ouest de Madagascar, in: *Omaly sy Anio* 13–14 (1981), S. 125–140.

Faller, Lincoln, Captain Misson's Failed Utopia, Crusoe's Failed Colony: Race and Identity in New, Not Quite Imaginable Worlds, in: *The Eighteenth Century* 43 (2002) 1, S. 1–17.

Fanony, Fulgence, Le sorcier maléfique *mpamosavy* et l'épreuve de l'ordalie *tangena* en pays Betsimisaraka [1975], in: *Omaly sy Anio* 21–22 (1985), S. 133–148. *(Cahiers d'histoire juridique et politique* XI, S. 19–30.)

–, La riziculture sur brûlis *(tavy)* et les rituels agraires dans la région de Mananara Nord«, in: *Terre malgache* 17 (1975), S. 29–49.

–, *Fasina: Transformation interne et contemporaine d'une communauté villageoise malgache*, Paris: EPHE 1976.

–, *Littérature orale malgache*. 2 Bde., Paris: L'Harmattan 2001. Bd. 1: *L'Oiseau Grand-Tison*, Bd. 2: *Le Tambour de l'ogre et autres contes des Betsimisaraka du Nord (Madagascar).*

Ferrand, Gabriel, *Contes populaires malgaches*, Paris: Ernest Leroux 1893 [Nachdruck: Nendeln/Liechtenstein: Kraus 1974].

–, Les migrations musulmanes et juives à Madagascar, in: *Revue d'histoire des religions* 52 (1905), S. 381–417.

Filliot, Jean-Michel, *La traite des esclaves vers les Mascareignes au XVIIIe siècle*, Paris: ORSTOM 1974.

Flacourt, Étienne de, *Histoire de la Grande Isle de Madagascar* [1661], hg. von Claude Allibert, Paris: INALCO-Karthala 2007.

Fox, E.T., *Pirates in Their Own Words: Eye-Witness Accounts of the »Golden Age« of Piracy, 1690–1728*, Milton Keynes: Fox Historical 2014.

Gosse, Philip, *The Pirates' Who's Who: Giving Particulars of the Lives and Deaths of the Pirates and Buccaneers*, London: Dulau & Co. 1924.

Graeber, David, Dancing with Corpses Reconsidered: an Interpretation of Famadihana in Arivonimamo, Madagascar, in: *American Ethnologist* 22 (1995) 2, S. 258–278.

–, Love Magic and Political Morality in Central Madagascar, 1875–1990, in: *Gender and History* 8 (1996) 3, S. 416–439.

–, Fetishism as Social Creativity, or Fetishes are Gods in the Process of Construction, in: *Anthropological Theory* 5 (2005) 4, S. 405–436.

–, *Lost People: Magic and the Legacy of Slavery in Madagascar*, Bloomington: Indiana University Press 2007(a).

–, Madagascar: Ethnic Groups, in: John Middleton & Joseph C. Miller (Hg.), *The New Encyclopedia of Africa,* Bd. III, Detroit: Gale Cengage Learning 2007(b), S. 430–435.

–, Culture as Creative Refusal, in: *Cambridge Anthropology* 31 (2013) 2, S. 1–19.

–, Radical Alterity is just Another Way of Saying »Reality«: a Response to Eduardo Viveiros de Castro, *HAU* 5 (2015) 2, S. 1–41.

Graeber, David, *Einen Westen hat es nie gegeben & Fragmente einer anarchistischen Anthropologie*, Münster: Unrast 2022.

Grandidier, Alfred, *Histoire physique, naturelle et politique de Madagascar,* Bd. IV, 2. Buch: *Ethnographie,* Paris: Imprimerie Nationale 1914.

–, *Histoire physique, naturelle et politique de Madagascar,* Bd. IV, 3. Buch: *Les Habitants de Madagascar, la famille malgache (fin), rapports sociaux des Malgaches, vie matérielles à Madagascar, les croyances et la vie religieuse à Madagascar*, Paris: Imprimerie Nationale 1917.

Grandidier, Alfred & Grandidier, Guillaume, *Ouvrages ou extraits d'ouvrages anglais, hollandaise, portugais, espagnols, suédois et russes, 1718–1800,* Collection des ouvrages anciens concernant Madagascar, Bd. 5, Paris: Union Coloniale, Comité de Madagascar, 1907.

Grandidier, Guillaume, *Histoire de la fondation du royaume Betsimisiraka,* Paris: Augustin Challamel 1898.

Haring, Lee, *Malagasy tale index,* Helsinki: Academia Scientiarum Fennica 1982.

Hasty, William, Metamorphosis Afloat: Pirate Ships, Politics and Process, c. 1680–1730, in: *Mobilities* 9 (2014) 3, S. 350–368.

Hill, Christopher, *The Collected Essays of Christopher Hill.* Bd. 3: *People and Ideas in 17th Century England*, Brighton: Harvester Press 1986.

Hooper, Jane, Pirates and Kings: Power on the Shores of Early Modern Madagascar and the Indian Ocean, in: *Journal of World History* 20 (2011) 2, S. 215–242.

Jameson, J. Franklin (Hg.), *Privateering and Piracy in the Colonial*

Period: Illustrative Documents, New York: Augustus M. Kelley 1970 (New York: Macmillan 1923, abrufbar unter: https://gutenberg.org/files/24882/24882-h/24882-h.htm, Zugriff: 26.9.2022).

Johnson, Captain Charles [Daniel Defoe (?)], *A General History of the Pyrates* [Bd. 1: 1724, Bd. 2: 1728], hg. von Manuel Schonhorn, London: Dent 1972.

Julien, Gustave, Pages arabico-madécasses, in: *Annales de l'Académie des sciences coloniales* (Paris), 1929, S. 1–123.

Kay, Carol, *Political Constructions: Defoe, Richardson, and Sterne in Relation to Hobbes, Hume, and Burke*, Ithaca/NY: Cornell University Press 1988.

Kempe, Michael, Die Piratenrunde. Globalisierte Seeräuberei und transnationale Politik um 1700, in: Volker Grieb & Sabine Todt (Hg.), *Piraterie von der Antike bis zur Gegenwart,* Stuttgart: Steiner 2013, S. 155–181.

Konstam, Angus, *The Pirate Ship 1660–1730,* Oxford: Osprey 2003.

–, *Atlas der Beutezüge zur See: Piraten, Seeräuber, Freibeuter*, Augsburg: Bechtermünz 1999.

–, *Piraten: 1660–1730,* Königswinter: Lempertz 2011.

Kuhn, Gabriel, *Unter dem Jolly Roger: Piraten im Goldenen Zeitalter*, Berlin/Hamburg: Assoziation A 2011.

Lahady, Pascal, *Le culte Betsimisaraka et son système symbolique,* Fianarantsoa: Librairie Ambozontany 1979.

Land, Chris, Flying the Black Flag: Revolt, Revolution, and the Social Organization of Piracy in the »Golden Age«, in: *Management and Organization Theory* 2 (2007) 2, S. 169–192.

Leeson, Peter T., *The Invisible Hook: The Hidden Economics of Pirates,* Oxford: Princeton University Press 2009.

Le Gentil de la Galaisière, Guillaume Joseph, *Voyage dans les mers de l'Inde* (2 Bde.), Paris 1779, 1781.

–, *Le Gentils Reisen in den indischen Meeren 1761 bis 1771,* Hamburg: Bohn 1781–1783 (3 Bde.).

Leguével de Lacombe, B. F., *Voyage À Madagascar et aux îles Comores (1823 à 1830),* 2 Bde., Paris: Louis Desessart 1840.

Linebaugh, Peter & Rediker, Marcus, *The Many-headed Hydra:*

Sailors, Slaves, Commoners, and the Hidden History of the Revolutionary Atlantic, Boston, MA: Beacon Press 2000.

–, *Die vielköpfige Hydra: Die verborgene Geschichte des revolutionären Atlantiks*, Berlin/Hamburg: Assoziation A 2008.

Lombard, Jacques, Zatovo qui n'a pas été crée par Dieu: un conte sakalava traduit et commenté, in: *Asie du Sud Est et Monde Insulindien* 7 (1976), S. 165–223.

Lopez Lazaro, Fabio, Labour Disputes, Ethnic Quarrels and Early Modern Piracy: A Mixed Hispano-Anglo-Dutch Squadron and the Causes of Captain Every's 1694 Mutiny, in: *International Journal of Maritime History* 22 (2010) 2, S. 73–111.

Mangalaza, Eugène Régis, *La poule de dieu: Essai d'anthropologie philosophique chez les Betsimisaraka (Madagascar)*, Bordeaux: PUB 1994.

Markoff, John, Where and when was democracy invented?, in: *Comparative Studies in Society and History* 41 (1999) 4, S. 660–690.

Mayeur, Nicolas, *Histoire de Ratsimilaho (1695–1750) roi de Foulpointe et des Betsimisiraka, rédigé par Barthélémy Huet de Froberville*, 1806, handschriftliches Manuskript, 1806, British Museum, ADD-MSS 18129.

McDonald, Kevin P., *Pirates, Merchants, Settlers, and Slaves: Colonial America and the Indo-Atlantic World*, Berkeley: University of California Press 2015.

Molet-Sauvaget, Anne, Un Européen, roi »legitime« de Fort-Dauphin au XVIIIème siécle: le pirate Abraham Samuel, in: *Études Ocean Indien* 23–24 (1997), S. 211–221.

–, La disparation du navire »Ridderschap Van Holland« à Madagascar, fevrier 1694, in: Claude Allibert & Narivelo Rajaonarimanana (Hg.), *L'extraordinaire et le quotidien: variations anthropologiques: hommage au professeur Pierre Verin*, Paris: Karthala 2000, S. 479–494.

Mondain, Gustave, *L'histoire des tribus de l'Imoro au XVIIème siècle d'après un manuscript historique arabico-malgache*, Paris: Ernest Leroux 1910.

Mouzard, Thomas, *Territoire, trajectoire, réseau Créativité rituelle populaire, identification et État postcolonial (Une triple etude de cas malgache).* Thèse pour l'obtention du grade de Docteur de l'Ecole des Hautes Etudes en Sciences Sociales en Anthropologie Sociale et Ethnologie. École des Hautes Études en Sciences Sociales (EHESS), 2011 (abrufbar unter https://tel.archives-ouvertes.fr/tel-00819403/document, Zugriff: 27.9.2022).

Nielssen, Hilde, *Ritual Imagination: A Study of Tromba Possession among the Betsimisaraka in Eastern Madagascar*, Leiden: Brill 2012.

Nutting, P. Bradley, The Madagascar Connection: Parliament and Piracy, 1690–1701, in: *American Journal of Legal History* 22 (1978) 3, S. 202–215.

Ottino, Paul, *Madagascar, les Comores et le sud-ouest de l'océan Indien,* Antananarivo: Université de Madagascar 1974.

–, Le Moyen-Age de l'océan Indien et les composantes du peuplement de Madagascar, in: *Asie du Sud-Est et du Monde Insulindien* 7 (1976) 2–3, S. 3–8.

–, La mythologie malgache des hautes terres et le cycle politique des Andriambahoaka, in: *Dictionnaire des mythologies et des religions des sociétés traditionnelles et du monde antique sous la direction de Yves Bonnefoy*, Bd. II, Paris: Flammarion 1981, S. 30–45.

–, Les Andriambahoaka malgaches et l'héritage indonésien. Mythe et histoire, in: Françoise Raison-Jourde (Hg.), *Les souverains de Madagascar, l'histoire royale et ses résurgences contemporaines,* Paris: Karthala 1983, S. 71–96 [1983a].

–, L'ancienne succession dynastique malgache (l'example Merina), in: Françoise Raison-Jourde (Hg.), *Les souverains de Madagascar,* S. 223–263 [1983b].

–, *L'Étrangère intime. Essai d'anthropologie de l'ancien Madagascar*, Paris: Éditions des archives contemporaines 1986 [2 Bde.].

Parker Pearson, Mike, Reassessing »Robert Drury's Journal« as a Historical Source for Southern Madagascar, in: *History in Africa* 23 (1996), S. 233–256.

–, Close Encounters of the Worst Kind: Malagasy Resistance and Colonial Disasters in Southern Madagascar«, in: *World Archeology* 28 (1997) 3, S. 393–417.

Pennell, C. R., Who Needs Pirate Heroes?, in: *The Northern Mariner/Le Marin du Nord* 8 (1998) 2, S. 61–79.

Pérotin-Dumon, Anne, The Pirate and the Emperor: Power and the Law on the Seas, 1450–1850, in: James D. Tracy (Hg.), *The Political Economy of Merchant Empires,* Cambridge: Cambridge University Press 1991, S. 197–200.

Petit, Michel, *La plaine littorale de Maroantsetra, etude géographique,* Tananarive, hektografiertes Dokument, 1966.

–, Les Zafirabay de la baie d'Antongil (formation et histoire d'un clan, consequences sur la vie rurale actuelle), in: *Annales de l'Université de Madagascar* 7 (1967), S. 21–44.

Petit, Michel & Jacob, Guy, Un essai de colonisation dans la baie d'Antongil, in: *Annales de l'Université de Madagascar* 4 (1965), S. 33–56.

Rahatoka, Salomon, Pensée religieuse et rituels betsimisaraka, in: J.-P. Domenichini et al. (Hg.), *Ny razana tsy mba maty: Cultures traditionelles malgaches,* Antananarivo: Ed. Librairie de Madagascar 1984, S. 31–92.

Rajaonarimanana, Narivelo, *Savoirs arabico-malgaches: la tradition manuscrite des devins Antemoro Anakara (Madagascar),* Paris: Institut National des Langues et Civilisations Orientales, 1990.

Randrianja, Solofo & Ellis, Stephen, *Madagascar: A Short History,* Chicago: University of Chicago Press 2009.

Rantoandro, G. A., Hommes et réseaux Malata de la côte orientale de Madagascar à l'époque de Jean René (1772–1826), in: *Annuaire des pays de l'océan Indien* 17 (2001), S. 103–121.

Ratsivalaka, Gilbert, Éléments de biographie de Nicolas Mayeur (1747–1809), in: *Omaly sy Anio* 5–6 (1977), S. 79–88.

–, *Madagascar dans le Sud-Ouest de l'Ocean Indien*, c. 1500–1824, Dissertation, Nizza 1995.

– [Ratsivalaka, Ranaivo Gilbert], *Les malgaches et l'abolition de la traite européenne des esclaves, 1810–1817: histoire de la formation du royaume de Madagascar*, Antananarivo: Imprimerie CNAPMAD 1999.

Ravelonantoandro Andrianarison, Les pouvoirs divinatoires des Antedoany de Fénérive-Est, mémoire, novembre 2010, ENS de philosophie de Toliara.

Ravololomanga, Bodo, *Être femme et mère à Madagascar (Tanala d'Ifanadiana)*, Paris: Harmattan 1993.

Rediker, Marcus, *Between the Devil and the Deep Blue Sea: Merchant Seamen, Pirates, and the Anglo-American Maritime World, 1700–1750*, Cambridge: Cambridge University Press 1987.

–, *Villains of All Nations: Atlantic Pirates in the Golden Age*, London: Verso 2004.

–, *Gesetzlose des Atlantiks: Piraten und rebellische Seeleute in der frühen Neuzeit*, Wien: Mandelbaum 2017.

Renel, Charles, *Contes de Madagascar,* 2 Bde., Paris: E. Leroux 1910.

–, Amulettes malgaches, ody et sampy, in: *Bulletin de l'Académie Malgache* n.s. II (1915), S. 29–281.

–, *Ancêtres et Dieux,* Tananarive: G. Pitot de la Beaujardiére 1923.

Risso, Patricia, Cross-Cultural Perceptions of Piracy: Maritime Violence in the Western Indian Ocean and Persian Gulf during a Long Eighteenth Century, in: *Journal of World History* 12 (2001) 2, 2001, S. 197–300.

Rochon, Abbé Alexis Marie, *Des Abbe Rochon Reise nach Madagaskar und Ostindien, nebst Thomas Bowyear's und Robert Kirsop's Nachrichten von Cochinchina;* mit einer neu gezeichneten Karte von Madagaskar und dem Kanal von Mozambique. Aus dem Franz. und Engl. übersetzt und mit Anmerkungen versehen von Georg Forster, Berlin: Voß 1792 (http://digitale-sammlungen.de/de/details/bsb11449712, Zugriff: 26. 9. 2022).

Roder, Hartmut (Hg.), *Piraten: Abenteuer oder Bedrohung?,* Bremen: Edition Temmen 2002.

Rogozinski, Jan, *Honor Among Thieves: Captain Kidd, Henry Every, and the Pirate Democracy in the Indian Ocean*, Mechanicsburg, PA: Stackpole 2000.

Rombaka, Jacques Philippe, *Fomban-dRazana Antemoro,* Fianarantsoa: Ambozontany 1970.

Sahlins, Marshall, The stranger-king or Dumézil among the Fijians, in: *The Journal of Pacific History* 16 (1981) 3, S. 107–132.

–, The Stranger-King or, Elementary Forms of the Politics of Life, in: *Indonesia and the Malay World* 36 (2008) 105, S. 177–199.

Sahlins, Marshall & Graeber, David , *Über Könige: Versuche einer Archäologie der Souveränität*, Berlin: Wagenbach 2022.

–, On the Culture of Material Value and the Cosmography of Riches, in: *HAU: Journal of Ethnographic Theory* 3 (2013) 2, S. 161–195.

Schnepel, Burkhard, Piracy in the Indian Ocean (ca. 1680–1750), Working Paper Nr. 60, Max Planck Institut für Sozialanthropologie Working Papers, Halle 2014.

Snelders, Stephen, *The Devil's Anarchy,* New York: Autonomedia 2005.

Sylla, Yvette, Les Malata: cohesion et disparité d'un »groupe«, in: *Omaly sy Anio* 21–22 (1985), S. 19–32.

Toto, Chaplain T., Quelques aspects des expériences européennes sur la baie d'Antongil – Madagascar du XVIe au XIXe siècle, in: *Revue de l'Association Historique Internationale de l'Océan Indien* 1 (2005), Saint Denis de la Réunion.

Valette, Jean, Note sur une coutume betsimisaraka du XVIIIe siècle, les vadinebazaha, in: *Cahiers du Centre d'étude des coutumes* 3 (1967), S. 49–55.

Vérin, Pierre, *The History of Civilisation in North Madagascar,* Rotterdam: A. A. Balkema 1986.

–, *Madagaskar,* Leipzig: Leipziger Universitätsverlag 2004.

Vérin, Pierre & Rajaonarimanana, Narivelo, Divination in Madagascar: The Antemoro Case and the Diffusion of Divination, in: Philip M. Peek (Hg.), *African Divination Systems,* Bloomington/Indianapolis: Indiana University Press 1991, S. 53 ff.

Vig, Lars, *Charmes: spécimens de magie malgache,* Oslo: Universitetsforlagets Trykningssentral, 1969.

Vink, Markus, »The World's Oldest Trade«: Dutch Slavery and Slave

Trade in the Indian Ocean in the Seventeenth Century, in: *Journal of World History* 14 (2003) 2, S. 131–177.
Wanner, Michal, The Madagascar Pirates in the Strategic Plans of Swedish and Russian Diplomacy, 1680–1730, in: *Prague Papers on the History of International Relations,* Prag: Institute of World History 2008, S. 73–94.
Williams, Eric, *Capitalism and Slavery,* Chapel Hill: University of North Carolina Press 1944.
Wilson, Peter Lamborn, *Pirate Utopias: Moorish Corsairs and European Renegadoes*, New York: Autonomedia 1995.
–, *Piraten, Anarchisten, Utopisten: Mit ihnen ist kein Staat zu machen*, Berlin: Kramer 2009.
Wilson-Fall, Wendy, Women Merchants and Slave Depots: St. Louis, Senegal and St. Mary's, Madagascar, in: Ana Lucia Araujo (Hg.), *Slaving Paths: Rebuilding and Rethinking the Atlantic Worlds,* Amherst: Cambria Press 2011, S. 272–302.
Wright, Henry T., Early State Dynamics as Political Experiment, in: *Journal of Anthropological Research* 62 (2006) 3, S. 305–319.
Wright, Henry T. & Fanony, Fulgence, L'évolution des systèmes d'occupation des sols dan la vallée de la rivière Mananara au nord-est de Madagascar, in: *Taloha* 11 (1992), S. 47–60.

BILDNACHWEIS

S. 15 Antiqua Print Gallery / Alamy Stock Foto

S. 36 Entnommen aus: A General History of the Pyrates: From Their First Rise and Settlement in the Island of Providence, to the Present Time. With the Remarkable Actions and Adventures of the two Female Pyrates Mary Read and Anne Bonny von Charles Johnson – zur Verfügung gestellt von der Boston Public Library, https://archive.org/search.php?query=externalidentifier%3A%22urn%3Aoclc%3Arecord%3A1045594947%22, zuletzt aufgerufen am 23. 11. 2022.

S. 84 f. Map reproduction courtesy of the Norman B. Leventhal Map & Education Center at the Boston Public Library

S. 155 Entnommen aus: Histoire de Ratsimilaho (1695–1750) roi de Foulpointe et des Betsimisiraka, rédigé par Barthélémy Huet de Froberville, 1806, handschriftliches Manuskript, 1806, British Museum, ADD-MSS 18129, S. 199.

S. 192 Éditions Libertalia

NAMEN- UND SACHREGISTER

E

F

G

H

V

W

Z